# Alfons Breier

# Kochen, was der Garten hergibt

- Rezepte mit Kräutern und essbaren Blüten
- Kurze Pflanzenporträts und Sammeltipps
- Rat für Küche, Garten und Gesundheit

Erste Auflage 2011
© Verlag Drei Wege
Buch- und Zeitschriftenverlag Heike Mildner

Alle Rechte vorbehalten.
Das Werk einschließlich seiner Teile ist urheberrechtlich geschützt. Jede Verwertung außerhalb der engen Grenzen des Urheberrechtsgesetzes ist ohne Zustimmung des Verlages unzulässig und strafbar. Das gilt insbesondere für Vervielfältigungen, Übersetzungen, Mikroverfilmungen und Einspeicherung und Verarbeitung in elektronischen Systemen.

Gestaltung: Heike Mildner
Druck: Nauendorf, Angermünde
Printed in Germany
ISBN 978-3-941789-01-2

Bibliografische Information der Deutschen Bibliothek:
Die Deutsche Bibliothek verzeichnet diese Publikation
in der deutschen Nationalbibliografie; detaillierte Daten
sind im Internet über http://dnb.ddb.de abrufbar.

# Inhaltsverzeichnis

## Die Wunder der Natur erkennen und genießen
Einladung zum kostenlosen Einkauf im Delikatessenladen vor der Haustür ... 7

## Von wilden Gesellen, Gartenfreunden und Exoten
Kräuter – von Ananassalbei über Giersch bis Jiaogulan ... 9

## Knackiges Gemüse für deftige Genüsse
Topinambur und Klettenmark, Kürbis, Spargel und Kartoffeln ... 34

## Über essbare und schmackhafte Schönheiten
Blüten als das besondere Etwas für Süßes und Herzhaftes ... 54

## Köstlichkeiten aus dem Holzbackofen
Wie Brot und Blechkuchen richtig gut gelingen ... 68

## Den Sommer für den Winter bewahren
Marmeladen und Relishes, Kräuteröle, Aromasalze und Likör ... 76

## Ein paar Worte auf den Weg
Wenn Ihnen das alles zu viel Arbeit macht ... 92

# Die Wunder der Natur erkennen und genießen

Warten wir nicht alle auf ein „Wunder" – ganz im Geheimen? Dabei begegnen wir ihnen fast täglich. Wir haben es nur verlernt, sie wahrzunehmen, übersehen sie in der Hektik unserer Tage und gehen oft allzu sorglos mit ihnen um. Denn ja, es gibt sie wirklich, die Wunder! Auch bei Ihnen vor der Tür! Dort trotzen sie Wind, Sonne, Frost und nicht zuletzt der menschlichen Willkür. In jedem Frühjahr erscheinen sie neu, und man könnte meinen, jedes Mal ein bisschen wunderbarer! Wovon ich rede? Von den zahlreichen Wildfrüchten, Wildgemüsen, Wild- und Heilkräutern im Garten und am Bahndamm. Mit Sicherheit sind sie älter als die Menschheit. Sie sind die wahren Wunder und noch dazu sehr delikate!

Man braucht keine Gänsestopfleber und keinen dicken Geldbeutel, man braucht nur etwas Zeit, um die Delikatessen zu sammeln, zuzubereiten und zu genießen. Mit ein paar Vorkenntnissen wird jeder im Delikatessen-Naturladen fündig. Sie werden staunen, was da auf Sie wartet! Und ist es nicht höchste Zeit, dass wir nicht nur unseren Körper, sondern auch unsere Seelen nähren? Einen Spinat von Wildkräutern, die Sie bei einem Spaziergang selbst gepflückt haben, deklassiert jeden Supermarktspinat! Sie wissen um Herkunft und Standort „Ihrer" Spinatpflanzen – ganz zu schweigen von der geschmacklichen Vielfalt und Intensität der Wildkräuter. Das Schöne ist: Man kann ihn lernen, den Blick für die unscheinbaren Delikatessen am Wegesrand. Dieses Buch möchte Sie dazu inspirieren und Ihnen als Ratgeber dabei hilfreich zur Seite stehen. Seit acht Jahren erfahre ich fast täglich, wie angenehm überrascht neue Gäste unseres Restaurants sind, wenn sie zum ersten Mal einen Salat aus wilden Kräutern probieren. Manche von ihnen habe ich später dann bei einer Führung durch den Kräutergarten, in dem auch exotische Kräuter und alte Gemüsesorten gedeihen, wiedergesehen, und oft wurde ich gefragt, ob es nicht ein Buch gebe mit all den interessanten Ratschlägen und Rezepten. Hier ist es!

*Ihr Alfons Breier*

# Von wilden Gesellen, Gartenfreunden und Exoten

Wer einen Garten hat, kennt mit Sicherheit auch Giersch, Vogelmiere und Franzosenkraut. Und er wird sie in den seltensten Fällen lieben, sondern immer wieder, aber auf Dauer vergebens versuchen, diese Störenfriede des gärtnerischen Seelenfriedens zu beseitigen. Meine Meinung: Sicher gibt es Stellen im Garten, wo diese „Unkräuter" stören. Doch wer für sich beschließt, dass es kein Unkraut gibt, sondern alles auf der Erde seinen Platz hat – und meist auch seinen Sinn –, wird Giersch und Co. mit anderen Augen betrachten und ihnen einen Lebensraum zugestehen – selbst im eigenen Garten. Denn sie sind geradezu fantastische Salatpflanzen! Wir brauchen nichts zu tun, sie wachsen von allein! Kein Aussäen, kein Pflanzen, keine Sorgen mit Schädlingen – einfach nur Ernten!

Wenn auf Führungen durch meinen Kräutergarten einmal die Bemerkung kommt: „Na, hier müssten Sie ja wohl auch mal wieder jäten!", kann ich nur milde lächeln. Eben noch fand dieser Gartenfreund das, was er jetzt wieder als Unkraut ansieht, auf seinem Salatteller und aß es fröhlich auf, und schon hat er es wieder vergessen. Ganz ehrlich: Eingefleischte Denkmuster sind manchmal zäher als alles Franzosenkraut dieser Welt! Wenn ich dann noch erzähle, dass ich meinen Giersch an heißen Tagen sogar gieße, damit er gut wächst, ernte ich nicht selten Blicke, die bestenfalls einem armen Irren Mitgefühl bekunden – na, egal, ich kann damit leben! Was ich sagen will: Man braucht eine positive innere Einstellung zum „Unkraut" und ein bisschen Selbstbewusstsein, um sie gegen Unwissende zu verteidigen. Mein Tipp: Fangen Sie einfach mit dem Wildkräutersalat auf Seite elf an. Wenn Sie nicht alle Kräuter auf Anhieb finden – kein Problem! Nehmen Sie erst mal die, die Ihnen über den Weg laufen, und verwenden Sie sie als Ergänzung zu einem ganz gewöhnlichen Blattsalat. Nach und nach kommen Sie auf den Geschmack und trainieren Ihren Wildkräuterblick! Und noch eins: Bitte sammeln Sie nur so viele Wildkräuter, wie Sie auch wirklich verbrauchen. Lassen Sie immer ein paar stehen, um deren Vermehrung zu ermöglichen, und sammeln Sie nur, was Sie wirklich kennen.

Doch die Wiederentdeckung der wilden Gesellen ist nur ein Teil der großen Welt der Kräuter. In meinem Garten probiere ich immer wieder Kräuter aus, die hierzulande nicht überall bekannt sind und die manchmal besonderer Pflege bedürfen, kurz: mit denen man so seine Erfahrungen machen muss. Ich gebe Ihnen meine Erfahrungen mit den würzigen Exoten gerne weiter – ob Gewürztagetes, Pfefferblatt oder das überaus gesunde Jiaogulan, von dem ich jeden Tag ein paar Blättchen kaue. Und natürlich gibt es da auch noch die ganz alltäglichen Gartenkräuter. Über sie sind genug Bücher geschrieben worden, trotzdem sollten manche ruhig mehr gewürdigt werden. Bei ihnen beschränke ich mich aber auf ein paar ganz persönliche Empfehlungen.

*Fruchtsalbei duftet schon bei der Berührung intensiv nach exotischen Früchten. Er verträgt keinen Frost und überwintert am besten im Kübel.*

## Vogelmiere

Wer einen Garten hat, kennt auch die Vogelmiere. Sie kommt in ganz Europa vom Hochgebirge bis zum Balkonkasten vor, denn sie versteht es wunderbar, sich anzupassen und der menschlichen Willkür zu trotzen. Die Vogelmiere wächst wie eine Polsterstaude mit kleinen, hellgrünen, spitzen, eiförmigen Blättchen. In der Blattmitte erscheinen aus kleinen Knospen die sternförmigen, weißen Blüten. Und sie blüht – wenn es nicht gerade friert – das ganze Jahr über. Für unseren Wildkräutersalat verwenden wir die jungen Blätter und Sprossen, die auch für Wildkräuterspinat und Kräuterbutter taugen. Die Vogelmiere enthält Kieselsäure, Kalium und Mineralstoffe, hat einen angenehm nussigen Geschmack und ihren Ruf als Unkraut wirklich nicht verdient.

## Große Brennnessel

Brennnesseln sind echte Wunder-pflanzen, von denen man alle Teile – sogar Samen und Wurzeln – verwenden kann. Sie wachsen auf nahrhaftem Boden in großen Gruppen an Wegrändern, Zäunen und natürlich auch im Garten –, und das auf der ganzen nördlichen Halbkugel. Ihre Blütezeit erstreckt sich von Juni bis November. Verwendet werden die jungen Triebe als Spinat, in Krätersuppen oder Kräuterquark sowie für einen blutreinigenden Tee. Bei mehrmaligem Schnitt bilden sich den ganzen Sommer über neue Triebe. Die nussig schmeckenden Samen der weiblichen Pflanzen kann man im August sammeln, trocknen und über die Speisen streuen. Das wirkt kräftigend und galt bei den alten Griechen als das beste Aphrodisiakum. Ein Tee aus Wurzeln soll zudem bei Prostatabeschwerden helfen.

## Gänseblümchen

Das Gänseblümchen blüht von April bis in den August. Kaum ist der Schnee fort, verkündet es den Frühling. Wir können Knospen, Blüten und Blätter des widerstandsfähigen Korbblütlers verwenden; die Blätter der Rosette im Salat, für Kräuterbutter oder als Suppeneinlage, die Blüten zur Dekoration. Als solche dürfen sie erst kurz vor dem Servieren gepflückt werden, da sie sich danach schnell schließen. Die Blütenknospen können eine Suppe bereichern und lassen sich als eine Art Ersatzkapern sauer einlegen. Allerdings sind die echten Kapern ein vorzügliches Gewürz mit einem ganz eigenen Geschmack – da kann das Gänseblümchen meines Erachtens nicht mithalten. Es hat andere Vorzüge, enthält zum Beispiel viel Vitamin C, Kalium, Kalzium, Magnesium und Eisen.

## Alfons' Gartentipp: Wildkräuter

Viele Wildkräuter, die wir in der Küche verwenden können, sind gerade wegen ihrer ungehemmten Vermehrungskraft als „Unkräuter" in Verruf geraten. Doch wenn wir sie zu nutzen wissen, können wir sie an bestimmten Stellen im Garten durchaus willkommen heißen. Regelmäßiges Schneiden sorgt dann dafür, dass wir die ganze grüne Saison über zarte Blättchen finden, und wir müssen nicht wegen jedes Salates eigens eine Kräuterwanderung unternehmen.

Wildkräuter, die nicht von allein im Garten beheimatet sind, kann man aber auch gezielt ansiedeln. Dabei müssen wir auf ihre Vorlieben achten, was den Boden anbelangt. Manche mögen eben keine fette Gartenerde – doch auch für sie wird sich ein Plätzchen finden. Schafgarbe beispielsweise lässt sich über Stockteilung, Ausläuferstecklinge oder über die Samen – die kann man direkt auf den Rasen streuen – vermehren. Der Saatguthandel bietet Wildkräutermischungen für die verschiedenen Standorte sowie Samen einzelner Wild-, Heil- und Küchenkräuter an – und der Übergang zwischen den dreien ist fließend. Wer besondere Sorten von Salbei und Basilikum oder spezielle Exoten sucht, wird sich sowieso an den Gartenfachversand wenden.

# Wildkräutersalat

Zutaten für vier Personen:

3 Handvoll Vogelmiere,
10 Taubnesselspitzen,
10 Gänseblümchenblätter,
10 Gierschblätter,
10 Schafgarbenblättchen,
5 Blättchen Gundermann,
10 Löwenzahnherzen,
8 Blättchen Hirtentäschel

*Für das Dressing:*

1 Orange,
3 EL Kräuter- oder Olivenöl,
1 TL Senf,
Pfeffer, Salz,
Zucker oder etwas Honig,
Nüsse oder Kapern

Alle Kräuter gründlich verlesen und waschen. Schafgarbe, Gundermann und Giersch klein schneiden, alle anderen Kräuter klein zupfen. Für das Dressing den Saft einer Orange, das Kräuteröl, den Senf, Pfeffer aus der Mühle, eine Prise Salz und Zucker kräftig schlagen, bis ein gebundenes Dressing entsteht. Über dem angerichteten Salat nach Belieben geröstete Nüsse oder in Butter angeröstete Kapern verteilen.

## Gesund bleiben!
## Brennnessel

Dieses grüne Kraftpaket ist ideal für eine Frühjahrs-Teekur, die man nach Belieben im Spätsommer wiederholen kann. Die Teekur soll den Stoffwechsel und die Blutreinigung anregen und allgemein kräftigend wirken. Die Brennnesselblätter sind reich an Kieselsäure, Eisen, Mangan, Kalium, Kalzium und Vitaminen. Die Samen enthalten viel Vitamin E und essenzielle Fettsäuren.

Für Brennnesseltee pflücken Sie die jungen, etwa 20 cm langen Triebe und schneiden sie klein. Zwei große Handvoll davon werden mit einem Liter Wasser aufgebrüht. Fünf bis zehn Minuten ziehen lassen, abgießen und über den Tag verteilt trinken. Der Liter reicht für zwei Personen. Erfahrungsgemäß lässt die Wirkung einer Teekur nach etwa sechs Wochen nach, da sich der Körper an die ungewohnten Reize gewöhnt hat. Daher nach sechs Wochen einfach auf einen anderen gesunden Tee umschwenken.

Wer im Garten eine Ecke mit Brennnesseln stehen lässt, kann sie so zurückschneiden, dass er immer einen Vorrat an jungen Pflanzen parat hat. Sie eignen sich auch für Wildkräuterspinat und Suppe. Ein paar Pflanzen sollten aber ausreifen dürfen, damit im Spätsommer auch die Samen zum Trocknen geerntet werden können.

## Brennnesselspätzle

*Zutaten für vier Personen:*

500 g Brennnesselblätter,
500 g Mehl,
50 g Öl,
3 Eier, Größe M,
etwas Milch,
1 Prise Salz,
Muskatnuss

Brennnesselblätter sammeln, verlesen, waschen und in Salzwasser weich kochen. Abgießen und fein pürieren. Zusammen mit Mehl, Öl, Eiern, Milch, Salz und Muskatnuss zu einem glatten Spätzleteig verrühren. Den Teig über kochendem Wasser zu fertigen Spätzle verarbeiten: nach Belieben mit Spätzlebrett, Presse oder Sieb. Für etwa zehn Minuten ziehen lassen, dann in kaltem Wasser abschrecken. Die Spätzle können in den verschiedensten Kombinationen glänzen: zu Fleisch, Gemüse oder einfach „solo" in Butter geschwenkt.

## Gebackene Brennnesselblätter

*Zutaten für vier Personen:*

250 g Mehl,
4 Eigelb, 4 Eiweiß,
0,3 l Milch,
0,1 l Mineralwasser,
1 Prise Salz,
2 EL Sonnenblumen- oder Rapsöl

Alle Zutaten – außer dem Eiweiß – zu einem Teig verrühren und etwa 30 Minuten ruhen lassen. Das Eiweiß zu Eischnee steif schlagen und vorsichtig unter die Teigmasse heben.
Sie brauchen nun Öl oder besser Butterschmalz zum Ausbacken. Ist das Fett heiß genug, werden die sauber verlesenen Brennnesselblätter in die Teigmasse getaucht und sofort im heißen Fett goldgelb ausgebacken. Je nach Geschmack können Sie einen Hauch frisch geriebener Muskatnuss darübergeben.

# Reich, schön und zauberhaft

Oft werde ich gefragt, ob es denn eine Pflanze gebe, die dafür sorgt, dass wir noch ein bisschen schöner aussehen, als wir es sowieso schon alle sind. Ja, es gibt sie: Die Brennnessel ist nicht nur gesund, sondern zudem auch noch eine eine Schönheitspflanze. Denn der Brennnesseltee, regelmäßig getrunken, sorgt für eine reine Haut. Man kann ihn auch äußerlich anwenden. Als Haarspülung sorgt Brennnesseltee für gesundes, elastisches und seidig glänzendes Haar.

Wer dennoch nicht auf seinen Morgenkaffee verzichten möchte, sollte ihn türkisch aufbrühen, denn der Kaffeesatz ist ein wunderbares Mittel für zarte Haut. Ein Ganzkörperpeeling mit Kaffeesatz unter der Dusche rubbelt alte Hautpartikel herunter, und das noch enthaltene Koffein sorgt für ein frisches, belebendes Gefühl auf der Haut. Am Abend sorgt dann ein Bad mit Vanille und Rosenblütenblättern für Erholung. Angenehm entspannend wirken ergänzend dazu aufgebrühte und etwas abgekühlte Kamillenblüten als heiße Packung für die Gesichtshaut.

Und sogar gegen Cellulite ist ein Kräutlein gewachsen: Senf! Dem Badewasser einen Senfaufguss zuzufügen und darin ein Sitzbad zu nehmen, ist ein wahres Wundermittelchen. Sie sollten aber vorher vorsichtig probieren, wie Ihre Haut darauf reagiert, denn nicht alle Menschen vertragen diesen Prickelcocktail. Für den Senfaufguss zerreiben Sie 150 Gramm Senfkörner mit dem Mörser und brühen sie mit einem halben Liter Wasser auf. Lassen Sie den Aufguss etwa 15 Minuten ziehen und geben ihn durch ein Sieb dem Badewasser bei. Allerdings wird in den meisten Fällen ein einziges Bad wohl nicht reichen. Und wenn auch wohl vor allem die geförderte Durchblutung wirkt – ein bisschen Magie war schon immer dabei, wenn es um die Heilkräfte der Pflanzen ging.

So versprach man sich früher von der Brennnessel, die heute als Unkraut abgetan wird, Schutz vor Unwetter. Und sogar zur Entfachung der Liebe soll sie gedient haben. Leider ist nicht überliefert, in welcher Weise. Auch die alte Volksweisheit „Küssest du mit Baldrian im Mund, kannst du dir der entgegengebrachten Liebe gewiss sein" wird möglicherweise heutigentags eher nach hinten losgehen.

Weniger risikoreich ist da vielleicht die Sache mit dem Liebstöckel: Dieses Kraut im Badewasser sollte für besondere Anziehungskraft auf das andere Geschlecht sorgen. Ehrlich gesagt, verwende ich Liebstöckel lieber in der Küche. Oder Leinsamen: Aufs Bett gestreut sollten sie süße Träume vom Zukünftigen bringen. Warum nicht? Davon, dass ein vierblättriges Wiesenkleeblatt Glück bringt, sind ja noch heute viele fest überzeugt.

## Giersch

Er hat viele Namen: Geißfuß, Dreiblatt, Zipperleinskraut – und mit Sicherheit hat er schon manchen Gartenfreund zur Verzweiflung getrieben. Aber damit ist jetzt Schluss. Wir essen den Giersch einfach auf! Lange bevor die weißen Dolden blühen, die an Holunder erinnern, verwenden wir junge Blätter als Salatwürze und für den Spinat. Ältere Blätter schmecken intensiv nach Petersilie. Von ihnen lässt sich eine gute Suppe zaubern. Übrigens trägt der Giersch seinen Titel Zipperleinskraut nicht umsonst. Er galt früher als Hausmittel gegen rheumatische Beschwerden, Gicht und Arthritis. Eigentlich ist er auch nicht zu verwechseln. Es gibt allerdings auch ungenießbare und sogar giftige Doldenblütler – man sollte sich beim Sammeln also sehr sicher sein.

## Gundermann

Gundermann, auch Gundelrebe genannt, ist ein Lippenblütler, der meist auf feuchten Wiesen, Wäldern, aber auch im Garten wächst. Er blüht vom April bis in den Herbst hinein, ist meist behaart und für manche Tiere, zum Beispiel für Pferde, giftig. Für uns Menschen ist er es nicht. Im Gegenteil: Ein Tee aus Gundermann soll schleimlösend wirken und gut für Luftwege, Leber, Magen und Darm sein. Sein intensives Aroma, seine Schärfe und Würze machen ihn auch für die Küche interessant. Die Pflanze eignet sich gut für Suppen, Gemüse, Kartoffelgerichte und klein geschnitten als würziger Pfiff im Salat. Als Bodendecker wächst Gundermann schnell und bildet bis zu einen Meter lange Triebe. Die Blüten erscheinen aus den Blattachseln und sind besonders bei Hummeln beliebt.

## Löwenzahn

Noch so eine Wunderpflanze, die uns nach dem Winterschlaf auf die Beine bringen will. In China kennt man „Pu gong ying" und ihre heilenden Eigenschaften schon länger als hierzulande. Der Korbblütler ist auf allen Kontinenten zu Hause, blüht von April bis Juni, und Sie können ihn fast überall ernten, ohne ihn je gesät zu haben. Das macht er mit seinen 3 000 Samen pro Pflanze ganz allein. Verwendung findet der Löwenzahn in Salaten, seine Wurzel als Gemüse, die Blüten als dekorative Elemente. Die Bitterstoffe des Löwenzahns regen Leber und Galle an und wirken so gegen die Frühjahrsmüdigkeit (siehe Kasten rechts außen). Die Inhaltsstoffe der Pfahlwurzel wandeln sich im Laufe des Jahres. Im Frühjahr überwiegen Bitterstoffe, im Herbst das Inulin.

## Gedünstete Löwenzahnwurzel

Löwenzahn wächst überall. Nicht überall wollen wir ihn haben. Wer Wert auf einen gepflegten Rasen legt, wird von Zeit zu Zeit die „Löwenzähne" ziehen. Doch auch die Wurzeln haben ein wertvolles Innenleben – besonders die Gerb- und Bitterstoffe – und lassen sich zu einer wohlschmeckenden Gemüsebeilage verarbeiten.

*Zutaten für vier Personen:*

150 g Löwenzahnwurzeln,
1 mittelgroße Zwiebel,
1 EL Butter,
150 ml Gemüsebrühe,
Chilisalz,
Pfeffer
(beispielsweise langer Pfeffer, siehe Seite 86-87).

Löwenzahnwurzeln putzen und klein schneiden, Zwiebel schälen und würfeln. Beides in etwas Butter anschwitzen, bei kleiner Flamme dünsten, mit der Gemüsebrühe ablöschen und reduzieren lassen. Mit Chilisalz und langem Pfeffer abschmecken. Passt hervorragend zu allerlei Salaten oder Pasta.

## Hähnchen-Kräuterspieße

*Zutaten für vier Personen:*

4 Hähnchenbrüste,
einige Blätter Wiesensalbei, Kapuzinerkresse und Bärlauch,
2 mittelgroße Zwiebeln,
4 etwa 10 cm lange Stengel von Wiesensalbei, Schafgarbe,
Minze oder Oregano, die als Spieße dienen können,
eine rote, eine gelbe Paprika, Butterschmalz,
100 ml süße Sahne, 200 ml Geflügelbrühe oder Weißwein,
Salz, Pfeffer aus der Mühle

Hähnchenbrüste waschen, trocken tupfen und in Würfel schneiden. Kräuter gut verlesen und waschen. Bärlauch in daumenbreite Stückchen reißen, Zwiebeln schälen und vierteln, Paprika waschen, entkernen und in etwa 1,5 x 1,5 Zentimeter große Stückchen schneiden. Die Spieße waschen, von den kleinen Blättern und Zweigen befreien und etwas anspitzen. Fleisch, Kräuter, Zwiebeln und Paprika abwechselnd auf die Stengel spießen, mit Salz und Pfeffer würzen und in dem Butterschmalz braten. Für die Soße den Bratensaft mit Sahne oder Schmand ablöschen, Brühe oder Weißwein dazugeben, etwas reduzieren und abschmecken. Zu den Spießen passen ein frischer Salat und ein körniger Kräuterreis.

---

**Gesund bleiben!**
### Löwenzahn

Alles von der gelb blühenden Pflanze kann man verwenden: Blätter, Blüten und Wurzeln. Im Wildkräutersalat sollte Löwenzahn mit all den anderen Kräutern, Blättern und Blüten, gerne auch mit einer Obstbeigabe, harmonieren. Der Salat sollte schließlich eine Gaumenfreude sein und nicht nur bitter, aber gesund. Die Vielfalt bringt den Genuss, und gesundheitsfördernd ist dieser Salat trotzdem.

Wer es bitter und gesund möchte, macht besser eine Löwenzahn-Leberkur. Wenn die Pflanze mit ihren goldgelben Blüten Herz und Seele erfreut, kann`s losgehen. Zugegeben: Am Anfang ist es wirklich sehr bitter, aber wir wissen aus Erfahrung, dass nicht aller Hustensaft gut schmeckt. Essen Sie 14 Tage lang täglich sechs Blüten tragende Stengel. Sie besitzen am meisten von dem weißen Saft, der unserer Leber so guttut. Knabbern Sie die Blütenstengel der Länge nach in kleinen Häppchen weg wie eine Salzstange, sonst haben Sie schnell ein Knäuel im Mund. Die Blüten müssen sie nicht mitessen. Manchmal, wenn es sehr warm ist, blüht der Löwenzahn gar nicht 14 Tage hintereinander. Dann halten Sie zumindest so lange durch, wie er blüht. Ihre Leber wird es Ihnen danken!

## Hirtentäschel

Das Kreuzblütengewächs mit seinen dreieckigen Schötchen finden wir auf vorbereitetem Saatland im Garten oder auf Äckern, auf Viehweiden mit zertretener Grasnarbe und an Bruch- und Wühlstellen von Wildschweinen. Zeitgleich zu den Schoten, die an die traditionelle Herzform der Hirtentaschen erinnern, trägt die Pflanze vom Frühjahr bis zum Dezember – je nach Witterung – kleine, weiße Blüten. Wir verwenden die jungen Blätter, insbesondere die Blattrosetten, die von der Form her ein bisschen an Löwenzahn erinnern. Sie schmecken hervorragend im Salat und in Suppen. Schwangere sollten Hirtentäschel jedoch meiden. Es soll blutstillend wirken, weil es die Gefäße zusammenzieht. Hippokrates nannte es das wichtigste Uterusmittel.

## Wiesensalbei

Der Lippenblütler ist auf trockenen Böden, Wegen und Bahndämmen zu finden und blüht von Mai bis August. Verwendet werden frische und getrocknete Blätter und Blüten. Der Wiesensalbei ist die einheimische, winterharte Salbeiart und kann bis zu 60 Zentimeter hoch werden. Ähnlich wie den Küchensalbei kann man ihn auch als Gewürz verwenden. Seine Wirkung ist jedoch weit weniger intensiv. Dennoch sollte er in keinem Naturgarten fehlen. Ergänzend dazu gibt es viele Salbeiarten, von denen mir der mexikanische Ananassalbei und der Fruchtsalbei (siehe Seite 9) am besten gefallen. Es gibt Peruanischen Salbei, Guaven-, Honigmelonen-, Myrten- und Pfirsichsalbei – da muss jeder seine speziellen Vorlieben für sich selbst herausfinden.

## Schafgarbe

Schafgarbe ist ein seit Urzeiten geschätztes Heilkraut. Man findet es auf Wiesen, Wegen und Waldlichtungen und natürlich auch im Garten. Die jungen, fein gefiederten, blaugrünen Blättchen schmecken sehr aromatisch und gehören in Kräuterbutter, Kräuterquark, Salat und Suppen. Allerdings nicht zu viel davon verwenden, weil ihr Geschmack sonst zu stark hervortritt. Die Schafgarbe blüht von Juni bis Oktober. Die aromatisch duftenden Blütenteller können frisch und getrocknet für Tee verwendet werden, dem man Heilkraft bei Verdauungsstörungen und Menstruationsbeschwerden zuspricht. Die verholzten Stengel können Sie als Fleischspießchen verwenden. Lassen Sie die Blütendolden ruhig dran: Das sieht auf dem Teller umso schöner aus.

# Wildkräuter-Sahnesüppchen

**Gesund bleiben!**
## Bärlauch und Zwiebeln

Bärlauch hat eine relativ kurze Saison im Frühjahr bis zum Frühsommer. Ihm werden aber wahre Bärenkräfte unter anderem bei der Bekämpfung von freien Radikalen, die Arteriosklerose begünstigen, zugesprochen. Auch auf Magen-Darm-Trakt, Haut und Bronchien soll der Bärlauch positiv wirken. Eine Frühjahrskur mit frischen, klein geschnittenen Blättern im Salat ist also sehr zu empfehlen. Apropos Bronchien: Die gewöhnliche Hauszwiebel wächst das ganze Jahr über im Garten, und wenn ich mir einen Husten eingefangen habe, hilft mir ihr Saft immer noch am besten. Dafür schäle ich vier bis fünf mittelgroße Zwiebeln, halbiere sie und schneide sie in Streifen. Dann werden sie mit Honig schichtweise und schön dicht nebeneinander in eine kleine Schale gelegt, auf die eine Untertasse gedeckt und etwas angedrückt wird. Nach zwei Stunden durchrühren und noch einmal fest andrücken. Nach weiteren zwei Stunden ist der Saft fertig, und man kann ihn löffelweise zu sich nehmen. Wer Thymian mag, kann der Zwiebel-Honig-Mischung gleich am Anfang einen guten Esslöffel des Gewürzes beimengen. Dieser Saft hält sich mehrere Tage im Kühlschrank – im besten Fall länger als der Husten.

*Zutaten für vier Personen:*

ein Suppenteller voller frischer Kräuter:
Löwenzahn, Schafgarbe, Giersch, Bärlauch,
Sauerampfer, Gundermann, Wiesensalbei,
dazu etwa 200 g frische Brennnessel, Taubnessel,
junge Wegerichblätter, junge Trieb der Melde,
2 Schalotten,
1 Knoblauchzehe,
30 g Butter,
350 ml Gemüsebrühe,
350 ml süße Sahne,
Salz, Pfeffer aus der Mühle,
6 EL süße Sahne, 2 Eigelb, 1 Gläschen Sekt,
ein paar Blätter und Blüten zum Garnieren

*Kräuter gründlich waschen und verlesen. Schalotten und Knoblauch fein hacken und in der Butter goldgelb andünsten. Die Kräuter hacken und mit in den Topf geben. Kurz anschwenken, mit Gemüsebrühe ablöschen und etwa fünf Minuten einköcheln lassen. Alles fein pürieren, die Sahne hinzufügen, kurz aufkochen lassen und mit Salz und Pfeffer abschmecken. Das Eigelb mit dem Gläschen Sekt verquirlen und als Bindung langsam zur Suppe geben. Nicht mehr kochen lassen! Sahne steif schlagen und unterheben. Mit Blättern und Blüten garnieren und sofort servieren.*

# Bärlauch

Der Bärlauch ist verwandt mit Schnittlauch, Zwiebel und Knoblauch, wächst aber nicht überall. In Brandenburg steht er sogar auf der Roten Liste in der Kategorie eins der vom Aussterben bedrohten Pflanzen. Jedoch wurde er in den vergangenen Jahren als Wildgemüse wiederentdeckt, und er ist so populär, dass man ihn sogar in manchen Supermärk-ten kaufen kann. Denn gerade im Süden wächst er mancherorts massenhaft. Er mag lockere, kalkhaltige und nährstoffreiche Böden, besonders wenn sie anhaltend feucht sind. Es gibt Wälder, in denen der Bärlauch im Frühling lückenlos den Waldboden bedeckt, wie das Foto von einem Auenwald bei Leipzig zeigt. Will man ihn im Garten anbauen, ist zu beachten, dass Bärlauchsamen als Kaltkeimer eine ganze Frostperiode brauchen, bevor sie aufgehen. Wenn er nach zwei Jahren erst mal wächst, vermehrt er sich bei guten Standortbedingungen allerdings schnell über die Zwiebeln. Der Bärlauch blüht von April bis Juni. Verwendet werden die jungen Blätter – noch vor der Blüte – und später Blätter und Blüten. Die Bärlauchblätter haben lange Stiele und wachsen einzeln direkt aus der Zwiebel. Das und ihr Knoblauchgeruch unterscheidet sie von giftigen Maiglöckchen und Herbstzeitlosen. Verwechslungen können tödlich enden, daher Augen auf oder im Garten ziehen!

# Bärlauchpaste

500 g Bärlauch,
200 g Rapsöl,
1 TL Kräutersalz

Bärlauch sorgfältig verlesen, waschen, trocken schleudern und klein schneiden. Zusammen mit Rapsöl und Kräutersalz in ein hohes Gefäß geben und fein pürieren. Alles in ein sauberes Schraubglas füllen und oben mit Öl abdecken. Diese Bärlauchpaste hält sich im Kühlschrank mehrere Wochen. Bärlauch hat nur eine kurze Saison, doch man kann sie auf einfache Weise verlängern, wenn man diese Paste einfriert und nach Belieben auftaut.

# Bärlauchsuppe

*Zutaten für die Grundsuppe:*

3 Möhren, mittelgroß,
2 Zwiebeln,
1 Stange Stangensellerie,
½ Fenchelknolle,
4 Champignons,
1 Knoblauchzehe,
1 EL Olivenöl,
1 EL Butterschmalz
1 l Gemüsebrühe,
Kräutersalz, Chilisalz, Pfeffer, Muskatnuss, Kurkuma
200 ml Sahne,
100 ml Wasser,
55 g Dinkelvollkornschrot,
1 TL Bärlauchpaste pro Teller Suppe oder andere Kräuter

Möhren, Zwiebeln, Sellerie, Fenchel, Champignons und Knoblauchzehe putzen, klein schneiden und in einem Topf mit Olivenöl und Butterschmalz andünsten. Es sollte nicht braun werden, nur glasig. Mit der Gemüsebrühe ablöschen und zugedeckt gar ziehen lassen. Wenn das Gemüse schön weich ist, vom Feuer nehmen und alles sehr fein pürieren. Mit Kräuter- und Chilisalz, Pfeffer aus der Mühle und frisch gemahlener Muskatnuss sowie einer kleinen Prise Kurkuma – wegen der schönen Farbe – abschmecken.

Sahne dazugeben, gegebenenfalls mit Gemüsebrühe auffüllen und erneut zum Kochen bringen.

In der Zwischenzeit das Dinkelvollkornschrot in Wasser einrühren und die Suppe damit binden. Sie sollte zwei Minuten köcheln. Noch einmal kräftig abschmecken, und die Grundsuppe ist fertig.

Von meiner Grundsuppe entnehme ich so viele Portionen, wie ich gerade benötige, mache nur diese heiß, und kurz vor dem Servieren, kommt ein Teelöffel Bärlauchpaste pro Portion in die Suppe, die kurz mit einem Pürierstab aufgeschäumt wird. Ein paar rote Pfefferbeeren dazu, eine frische Blüte und fertig.

Haben Sie einen Gast, der keinen Bärlauch mag, machen Sie einfach eine Portion Grundsuppe extra heiß und geben zum Beispiel etwas Rucola in die heiße Suppe. Er wird von der „Extrawurst" begeistert sein!

## Franzosenkraut

Franzosenkraut? Oft höre ich in meinen Seminaren das Schimpfen und Fluchen über diese zarte Pflanze – vollkommen zu Unrecht! Franzosen- oder Knopfkraut ist eine geradezu fantastische Salatpflanze! Die zarten Blätter schmecken ganz weich und mild, und sie wachsen auch gleich wieder nach. Die Pflanze ist ein Einwanderer (Neophyt) und stammt ursprünglich aus Südamerika. Nach der Entdeckung der Neuen Welt ist sie hier gelandet, und mit Napoleons Feldzügen hat sie sich über ganz Europa verbreitet – daher ihr Name. Sie bevorzugt stickstoffreiche, lehmige Standorte, mag keinen Frost und lässt sich daher erst ab Mai sehen. Zwei ähnliche Arten sind hierzulande anzutreffen: das Zottige Franzosenkraut (Foto) und das Kleinblütige Franzosenkraut.

## Wegerich

Es gibt Breit-, Spitz- und Geweihwegerich. Wo man den einen findet, findet man meist auch den anderen: an Wegrändern oder festgetretenen Stellen im Garten und auf Weiden. Nur der Geweihwegerich macht sich ein bisschen rar, vielleicht weil gerade er sich so gut für Salate verwenden lässt. Er hat besonders zarte Blätter. Die sind etwas gebuchtet, ähnlich wie beim Rucola. Zum Würzen von Salaten verwende ich den Spitzwegerich, als Spinatbeigabe oder für Fleischwickel den Breitwegerich. Die ganz jungen Blätter wandern außerdem in den Salat, die getrockneten Blätter in den Tee. Spitzwegerich soll nämlich gut für die Bronchien sein. Breitwegerich hat breite, rundliche Blätter mit großen, stark ausgeprägten Blattrippen. Der Spitzwegerich hat längliche, schmale Blätter.

## Beifuß

Der Gewöhnliche Beifuß wächst fast überall an Wegen, Straßenrändern, Böschungen, Dämmen, Weiden und Ackerrändern. Er blüht von Juni bis Oktober. Wer ihn in der Küche verwenden will, sollte ihn unbedingt vor der Blüte ernten, denn verwendet werden die Knospenstände! Sie sollten an keinem fetten Braten, Gemüse- oder Fleischeintopf fehlen.

Beifuß wird bis zu anderthalb Meter hoch. Seine Blätter sind an der Oberseite grün, die Unterseite ist grau. Er hat stark verholzende, erst grüne, später rotbraune Stengel, an denen die Seitenränder mit den graufilzigen Knospen sitzen. Die Blüte ist unscheinbar gelblich.

Wer ihn im Garten anbauen möchte: Vorsicht! Der Beifuß wuchert gern. Er liebt die Sonne und trockene, sandige Böden.

# Kräuterbackfleisch vom Blech

Hier ein Gericht, das sich gut eignet, wenn Gäste kommen, weil es sich gut vorbereiten lässt. Vegetarier allerdings sollten nicht unbedingt darunter sein …

*Das Fleisch muss 24 Stunden marinieren!
Also bitte genügend Zeit einplanen.*

Zutaten für vier Personen:

700 g bis 1 kg magerer Schweinekamm-Nacken,
1 g Kräutersalz je 100 g Fleisch
(also 7 bis 10 g, das ist etwa
ein gestrichener TL),
4 TL Majoran,
½ TL Thymian,
1 TL getrocknetes Basilikum,
1 Prise Chilisalz,
1 Prise Kümmel,
1 Prise Nelken,
1 Prise Piment,
2-3 mittelgroße Zwiebeln,
2 Knoblauchzehen

Fleisch waschen, trocken tupfen und zuerst der Länge nach aufschneiden, dann in große, je 80 bis 100 Gramm schwere Stücke schneiden. Kräutersalz und Kräuter gut mit dem Fleisch vermengen, in eine Schüssel geben, mit Klarsichtfolie abdecken und 24 Stunden, wenigstens aber die Nacht über in den Kühlschrank stellen und marinieren lassen.

Am nächsten Tag: Zwiebeln schälen, vierteln und in Streifen schneiden, die Knoblauchzehen schälen und würfeln, bitte nicht quetschen. Wer Knoblauch und Zwiebel nicht mag, lässt sie einfach weg. Alles mit dem marinierten Fleisch vermengen und schön locker auf einem großen Backblech verteilen. Die Fleischstücke sollten nicht übereinander und nicht zu eng liegen. Sollten Sie größere Portionen, zum Beispiel für eine Feier, braten wollen, nehmen Sie besser zwei oder drei Bleche.

Alles in den auf 160 Grad (Heißluft) vorgeheizten Backofen geben und etwa 50 Minuten lang garen.
Dazu passt lauwarmer Kartoffelsalat. Auch der kann schon einen Tag vorher zubereitet werden. Das Rezept dafür finden Sie auf der Seite 36.

# Geschnetzeltes mit Kräuterrahm

*Zutaten für vier Personen:*

400 bis 500 g Schweinekamm,
etwas Salz, Pfeffer aus der Mühle,
je eine Messerspitze Koriander
und Kardamom sowie etwas Curry,
20 g Butterschmalz oder Olivenöl,
einige Wald- oder Trockenpilze,
ein tiefer Teller voller
Kräuter wie Giersch und
Pfefferminze, dazu
6 Blatt Schafgarbe,
6 Blatt Gundelrebe,
Beifußblüten, Dost, Spitzwegerich,
ein Zweig Thymian,
Senfblüten und junge Senf-
samenstände,
junge Löwenzahnblättchen,
200 ml süße Sahne,
2 Schalotten, 1 Knoblauchzehe,
2 Eigelb und
1 Glas Sekt

Schweinekamm in Scheiben schneiden und dann in dünne Streifen zerlegen (etwa 1 cm x 1 cm x 4 cm). Das Geschnetzelte im Butterschmalz kräftig anbraten, zwischendurch ein-, zweimal mit Wasser ablöschen.

Die in der Zwischenzeit geputzten und gewürfelten Schalotten dazugeben und das Gemüse, die gehackten Kräuter und den Knoblauch ganz kurz anschwenken. Mit der Sahne ablöschen und etwas reduzieren lassen.

Die zwei Eigelb mit dem Sekt gut verrühren und unter das Geschnetzelte ziehen, aber nicht mehr kochen. Dazu kann Reis oder frischer Salat gereicht werden.

## Alfons` Gartentipp:
### Viren und Blattläuse

Gegen Blattläuse spritze ich mit feinem Zerstäuber eine Mischung aus einem Liter Wasser, 15 Millilitern Biospühlmittel, 15 Millilitern Sonnenblumenöl und einem Esslöffel Backpulver. Alles gut verrühren, sodass keine Klümpchen entstehen. Damit einmal in der Woche die Pflanzen gut durchsprühen. Ist der Befall sehr stark, kann man es schon nach drei Tagen wiederholen, muss aber sicherstellen, das die Pflanzen ausreichend Wasser zur Verfügung haben und vor zu starker Sonneneinstrahlung geschützt sind. Das Obst oder Gemüse können Sie nach dem Abwaschen sofort verzehren. Gegen Viruskrankheiten stelle ich eine Blattjauche aus zehn Litern Wasser und einem Arm- voll Meerrettichblättern her und stelle sie drei Wochen zum Gären an einen sonnigen Ort. Eins zu eins mit Wasser verdünnen und vorsichtig spritzen, denn nicht alle Pflanzen reagieren gleich. Nach zwei Tagen den Rest der Pflanzen behandeln; zuvor gegebenenfalls noch einmal verdünnen.

# Bunter Kräuterreis

*Zutaten für vier Personen:*

2 Tassen Spitzen-Langkornreis,
4 Tassen Gewürzbrühe,
kräftig abgeschmeckt
mit Pfeffer aus der Mühle,
20 g Butter, 1 Schalotte,
6 Walnüsse, fein gehackt,
1/4 TL Kurkuma,
3 Gierschblätter,
4 Bärlauchblätter,
etwas Schalottengrün

Es gibt zwei Varianten, den Reis zuzubereiten, eine schnelle und eine etwas aufwendigere. Der Anfang ist jedoch bei beiden derselbe:

Geben Sie die Butter in einen Topf, der so beschaffen ist, dass Sie ihn später auch in den Backofen stellen können. In der heißen Butter schwenken Sie die Schalotten und die Walnüsse etwas an. Nicht anbrennen lassen! Dann den Reis hinzugeben und ihn unter ständigem Rühren glasig werden lassen. Mit der Gemüsebrühe ablöschen und die gehackten Kräuter und die Kurkuma hinzugeben. Den Reis 20 Minuten bei schwacher Hitze ohne Deckel köcheln lassen.

Die zweite Möglichkeit ist meine Lieblingsvariante, auch wenn sie etwas länger dauert. Sie verfahren wie oben beschrieben, nur wird diesmal der Topf zugedeckt. Geben Sie ihn dann für zirka 40 Minuten bei 160 Grad Umluft oder 180 Grad Unter- und Oberhitze in den vorgeheizten Backofen.

# Wildkräuterspinat

*Zutaten für vier Personen:*

200 g Brennnessel,
200 g Wiesenbärenklau,
100 g Franzosenkraut,
50 g Giersch,
50 g junge Melde,
als Gewürzkräuter je 5 Blätter Bärlauch, Gundelrebe, Schafgarbe, Wiesensalbei,
3 EL Butter,
20 g Mehl,
1/8 l süße Sahne,
1 Knoblauchzehe,
1 Zwiebel,
Salz, Pfeffer aus der Mühle,
1 TL Gemüsebrühe (Pulver),
½ l Wasser

Kommen wir nun zu eingangs erwähntem Wildkräuterspinat. Ich bin nicht gerade ein Spinatfan, aber dieser ist etwas Besonderes. Probieren Sie ihn einfach aus.

Zunächst einmal sammeln Sie 800 bis 900 Gramm Kräuter. Relativ bekannt ist ja Brennnesselspinat. Ich hingegen mische die Kräuter wegen ihres Aromas gerne. Die Kräuter auf der Zutatenliste verstehen sich als Vorschlag. Nur Mut! Man kann auch andere Varianten probieren. Kräuter gut waschen und verlesen, dann grob hacken.

Die Kräuter werden in der Gemüsebrühe mit dem Wasser etwa zehn Minuten gar gekocht, abgegossen und püriert. Den Kochsud bitte aufbewahren! Zwiebeln und Knoblauch werden in der Butter goldgelb angeschwitzt und mit Mehl bestreut, bis eine goldgelbe Mehlschwitze entsteht. Kochsud dazugeben, bis sich eine dickliche Masse bildet, und kurz aufkochen. Danach die pürierten Kräuter unterheben, salzen und pfeffern. Wer möchte, kann die Sahne mit zwei Eigelb verquirlen und dem Kräuterspinat beifügen.

Dazu passen Spiegeleier und Kartoffeln, oder man verwendet den Wildkräuterspinat für eine Lasagne (siehe Foto unten).

# Lachsfilet mit Wildkräuterkruste

*Zutaten für vier Personen:*

4 x 150 g Lachsfilet,
½ TL Butter,
½ Knoblauchzehe,
40 g Butter,
80-100 g Semmelbrösel,
etwas Kräutersalz,
frische Kräuter nach Belieben,
1 TL Petersilie,
1 TL Dill
oder 1 TL Thymian

Pastinak ist ein Doldengewächs. Er wächst wild an Wegrändern, man kann ihn aber auch im Garten anbauen. Verwendet werden Stengel und Kraut zum Würzen, für Spinat und als Suppeneinlage. Die vorwiegend im Winter geernteten Wurzeln – Pastinaken – als Püree oder Gemüsebeilage.

Lachsfilet waschen und trocken tupfen. Mit Klarsichtfolie abdecken und bei Zimmertemperatur an die Seite stellen. Der Fisch muss für etwa 30 Minuten Temperatur annehmen. In der Zwischenzeit können Sie den Salat und die Beilagen vorbereiten. Gut passen beispielsweise der bunte Kräuterreis (von Seite 22) oder auch Bandnudeln mit Zitronensoße.

Eine Auflaufform mit Butter einfetten. Wer mag, kann den Boden mit einer angeschnittenen halben Knoblauchzehe einreiben, sprich aromatisieren. Den Backofen auf 60 Grad vorheizen. Den Fisch in die Auflaufform legen und mit Klarsichtfolie die Form schön dicht abdecken. Für 25 bis 30 Minuten in den Ofen geben.

In der Zwischenzeit die Kruste vorbereiten. Butter in eine Schüssel geben und mit den Semmelbröseln und den Kräutern gut durchmischen – so, als wenn man Streusel für den Streuselkuchen macht. Die Masse sollte eine feinkrümelige Konsistenz haben. Abschmecken und gegebenenfalls nachwürzen.

Den Fisch aus den Ofen nehmen, den Grill zum Überbacken einschalten. Die Butter-Kräuter-Semmelbrösel etwa einen halben Zentimeter dick auf dem Fisch verteilen. Unter den Grill legen und für einige Minuten überbacken. Vorsicht! Es geht sehr schnell, daher immer im Auge behalten!

## Alfons` Gartentipp:
### Der schnelle Dünger

Etwas abseits in einer Gartenecke habe ich eine große Tonne. Darin weiche ich vergorene Brennnesseljauche mit Kuhmist ein. Mein Tipp: Eine 250- oder 300-Liter-Tonne halb mit Brennnesseljauche und zu einem Viertel mit fettem Kuhmist füllen. Das restliche Viertel mit Wasser auffüllen und mindestens eine Woche ruhen lassen. Dann damit gießen. Immer erst eine Probedüngung durchführen und dann zwei bis drei Tage abwarten, ob die Pflanzen den Cocktail auch mögen. Die ersten Kannen verdünne ich immer noch mit klarem Wasser. Habe ich nach meiner Probedüngung alle meine Pflanzen versorgt, fülle ich die Tonne wieder mit Wasser und rühre kräftig durch. Die Angelegenheit ist naturgemäß etwas anrüchig, aber wirksam! Im Verlauf des Sommers brauche ich dann nicht mehr in der Kanne zu verdünnen. Durch meine immer wiederholte Auffüllung der Tonne kann ich gleich pur gießen. Zum Ende der Gartensaison fülle ich dann nicht mehr so viel nach, sodass zum Herbst alles verbraucht ist.

Den Erfolg kann man schon wenige Tage später sehen. Je nach Pflanzenart – ob Stark- oder Schwachzehrer – verwende ich meine Düngermischung einmal die Woche bis alle vierzehn Tage.

# Kräutersteak vom Fisch

*Zutaten für vier Personen:*

4 Fischsteaks à 200 g von
Lachs, Kabeljau, Seeteufel
oder Butterfisch,
Salz, Pfeffer aus der Mühle,
2 Knoblauchzehen,
einige Zweige Dill,
Bärlauch, Pastinak
(siehe Foto ganz links)
und Giersch,
100 g Butter,
200 g Möhren,
50 g Bärlauchblätter,
200 g junge Klettenblätter,
100 ml Weißwein

Entscheiden Sie sich für eine der vorgeschlagenen Fischarten. Die Kartoffeln als Salzkartoffeln garen. Knoblauch schälen und fein hacken. Kräuter waschen, verlesen und ebenfalls klein hacken. Mit der weichen Butter die Kräuter, Knoblauch, Salz und Pfeffer vermischen und dick auf die Fischsteaks streichen.

Die Möhren putzen, schälen und in dünne Streifen schneiden. Kletten- und Bärlauchblätter waschen, ebenfalls in dünne Streifen schneiden und unter die Möhren mischen.

Vier Stück Alufolie zurechtlegen, die groß genug sind, um daraus kleine, verschließbare Schalen für die Fischsteaks zu formen. Darauf das Gemüse verteilen, salzen und pfeffern. Die Folien nun zu Schalen formen, sodass der Wein angegossen werden kann. Die Fischsteaks auf das Gemüse legen. Die Alufolie gut verschließen und in den vorgeheizten Backofen schieben. Ober- und Unterhitze 225 Grad oder Umluft bei 200 Grad für 20 Minuten backen.

Dazu passen Salzkartoffeln, Reis oder Wildkräutersalat.

# Jiaogulan

Wenn es ein echtes Wunderkraut unter den Exoten gibt, dann ist es wohl dieses: Jiaogulan, das in Südchina auch Kraut der Unsterblichkeit genannt wird. Nun werden Sie davon sicher nicht unsterblich werden – und es wäre auch fraglich, ob Sie das wirklich wollen würden –, aber Fakt ist, dass dieses Kräutlein sehr, sehr gesund ist. Ginseng kennen sicher alle und wissen, wie gesund der ist. Jiaogulan – das haben japanische Professoren auf der Suche nach einem natürlichen Süßungsmittel herausgefunden – enthält die gleichen pflanzlichen Wirkstoffe, Ginsenoside genannt, und dazu noch 60 andere Wirkstoffe, deren Gesamtheit die „Wunderwirkung" des Jiaogulan begründet.

Im Gegensatz zum Ginseng, der relativ schwer zu kultivieren ist, gedeiht Jiaogulan – auch in unseren Breiten – recht gut. Es ist allerdings die Frage, ob er hierzulande die gleiche Wirksamkeit entfaltet wie unter den Bedingungen in den Bergregionen Südchinas. Im Pflanzenkatalog wird Jiaogulan als winterhart beschrieben. Das kann ich nicht bestätigen. Bei mir wächst Jiaogulan seit ein paar Jahren in zwei Kübeln, und obwohl es winterhart sein soll, nehme ich es im Herbst lieber mit den anderen Kübelpflanzen ins Haus. Ein Kübel kommt auf die Fensterbank, der andere in den Keller. So kann ich auch den Winter über die empfohlenen fünf Blättchen pro Tag naschen.

## Noch mehr über die Exoten …

### Gesund bleiben!
### Jiaogulan

Man kann nicht behaupten, dass seine Blätter jedem schmecken. Aber gesund sind sie, und da nimmt man als gesundheitsbewusster Mensch ja so einiges in Kauf: Jiaogulan soll das Immunsystem stärken, die Herzkranzgefäße weiten, blutbildend und auf viele Prozesse im Körper ausgleichend wirken – zum Beispiel auf das Nervensystem oder bei Diabetes. Das Schöne: Es gibt keinerlei Nebenwirkungen. Man kann natürlich aus den frischen oder getrockneten Blättern auch Tee zubereiten. In Südchina soll es eine Provinz mit vielen über Hundertjährigen geben, in der dieser Tee überdurchschnittlich häufig getrunken wird.

Bisher haben wir uns vor allem den wilden Kräutern zugewandt, die, allzu oft noch als Unkraut verleumdet, eher gehasst als geliebt sind. Ich bin gewiss, nach ein paar Salaten und Suppen werden Sie ihre Vorzüge erkennen und schätzen lernen. In meinem Garten jedenfalls haben sie ihren festen Platz. Zudem probiere ich immer wieder neue Pflanzen aus, die im Fachhandel angeboten werden. Eine meiner Lieblingsentdeckungen haben Sie auf diesen Seiten schon kennengelernt – das Jiaogulan. Doch liegen mir neben der Gesundheit natürlich vor allem die Aromen der exotischen Gewächse am Herzen. Doch dürfen sie nicht zu aufwendig in Sachen Pflege sein. In dieser Hinsicht liebe ich vor allem jene Vertreter, die sich von selbst wieder aussäen. Die Zeiten, da im Oktober der Garten aufgeräumt und der Boden umgegraben sein musste, sind für mich passé. Ich lasse sogar den Salat schießen: Im Winter haben die Vögel noch etwas davon, im Frühjahr sät er sich selbst wieder aus. Ich brauche weder Saatgut noch Pflanzen. Anders ist das bei den Exoten, die meist aus wärmeren Gefilden stammen. Ich stelle Ihnen meine Lieblinge vor. Unter ihnen sind auch relativ normale Küchenkräuter, die aber meines Erachtens ein bisschen mehr Aufmerksamkeit verdienen. Für manchen sind ja schon Thymian oder Borretsch Exoten. Nur Mut beim Experimentieren!

### Jiaogulan-Powertee

20 Blätter Jiaogulan,
1/2 l Wasser,
1 EL Honig

Blätter frisch pflücken, in einen Keramiktopf geben und mit frisch sprudelndem Wasser übergießen. Abdecken und – je nach Geschmack – etwa fünf bis zehn Minuten ziehen lassen. Nach Belieben mit Honig süßen. Generell verwendet man bei einem Tee aus frischen Kräutern etwa die dreifache Menge wie bei getrocknetem Kraut.

*Die Pfefferbeere ist eine dekorative Chiliart. Ihre Früchte werden nicht viel größer als hier abgebildet, aber mit der Reife rot. Eine der Beeren reicht dann, um zehn Liter Suppe zu „schärfen".*

## Estragon

Von den Erscheinungsformen des Estragons ist mir der Französische Estragon die liebste. Er ist zwar nicht ganz winterhart – man sollte ihn, bevor es kalt wird, gut einpacken –, dafür hat er ein ausgesprochen intensives Aroma. Er duftet stark nach Lakritze und passt geschmacklich sehr gut zu Fischsoßen, Suppen, Salaten – zum Beispiel Tomatensalat – und Fleischgerichten. Außerdem sollte er in keinem Gewürzessig (siehe Seite 84 und folgende) fehlen. Er wächst, wie anderer Estragon auch, gerne in sandiger, trockener Erde an einem sonnigen, nicht zu windigen Platz und will regelmäßig gedüngt und gegossen werden. Ich verwende vor allem die frischen, zarten Triebspitzen der Pflanze, die im Sommer gelbe Blütchen trägt. Estragon regt Appetit und Verdauung an.

## Pfefferblatt

Genauer gesagt das Mexikanische Pfefferblatt war für mich eine Entdeckung. Es wächst prächtig, und in seine großen Blätter kann man Fleisch einrollen, das dann sein pfeffriges Aroma annimmt. Die Pflanze gedeiht hierzulande nur als Kübelpflanze, weil sie das ganze Jahr über Temperaturen von über zwölf Grad braucht. Daher möchte sie auch im Winter einen hellen und warmen Standort haben. Das Pfefferblatt benötigt viel Dünger und viel Gießwasser. Man kann es über Stecklinge vermehren und darf sich ruhig trauen, es kräftig zurückzuschneiden. Mit ihren tellergroßen, herzförmigen Blättern ist die Pflanze auf meiner Terrasse ein echter Hingucker, wenn sie auch manchmal arg geräubert wird, denn – wie gesagt – ihr pfeffriges Aroma passt hervorragend zu Fleischgerichten!

## Gewürztagetes

Sie ist eine mittelamerikanische Verwandte unserer gemeinen Studentenblume. So unangenehm die hiesige Tagetes riecht, so angenehm duftet die exotische Variante nach Zitrusfrüchten. Blätter und Blüten – sie blüht allerdings erst Ende Oktober – können im Salat verwendet werden. Gewürztagetes kann man im Gewächshaus vorziehen und nach den Eisheiligen auspflanzen. Oder man sät sie dann direkt ins Freiland. Gut düngen und wässern! Aber eigentlich sind sie fast genauso pflegeleicht wie ihre europäischen Verwandten. Es gibt einige Arten, die man essen kann. Ich habe neben der Lakritztagetes die Mexikanische Gewürztagetes (Foto) im Garten, die bis zu drei Metern hoch wird und – heißer Tipp – in Kombination mit gegrilltem Fisch unschlagbar gut schmeckt.

# Nudelsalat mit Basilikum

*Zutaten für vier Personen:*

500 g Nudeln (Spirelli),
Wasser,
Salz,
Olivenöl,

½ Chili ohne Kerne,
1 mittlere Zwiebel,
1 TL Olivenöl,
½ Ananas,
1 TL Puderzucker,

3 Paprika, je eine gelbe, rote und grüne,
Basilikum,
Fenchelkraut,
Rucola,
1/8 l Orangensaft,
2 EL Nussöl,
Salz,
Pfeffer aus der Mühle

### Alfons` Gartentipp:
## Basilikum

Vom Basilikum gibt es bisher knapp 80 verschiedene Sorten und Arten – meines Wissen ist keine wirklich winterharte dabei. Zu meinen Favoriten zählt das Grüner-Pfeffer-Basilikum: Er ist sehr robust – nicht so anfällig wie andere Basilikumarten gegen Knotenkrankheit und Welke – und eignet sich wunderbar für eine Gemüsepfanne: Wenn die fertig ist, die Basilikumblätter in dünne Streifen schneiden und einmal in der Pfanne mitschwenken – es braucht einmal Hitze, damit es seine ätherischen Öle freisetzen kann –, fertig! Versuchen Sie, es im Wintergarten zu überwintern! Es will luftig stehen, und mit etwas Glück kann man es den ganzen Winter über bezupfen und ernten.

Nudeln in reichlich Salzwasser bissfest kochen. Nicht mit kaltem Wasser abschrecken, bitte nur über einem Sieb abgießen und auf einem flachen Kuchenblech dünn verteilen. Mit etwas Olivenöl beträufeln, damit sie nicht zusammenkleben, auskühlen lassen.

In der Zwischenzeit Chili und Zwiebel klein würfeln. Olivenöl dazugeben und in einer Pfanne anschwitzen. Ananas putzen, den Strunk entfernen, würfeln und in die Pfanne geben. Mit dem Puderzucker abstäuben und leicht karamellisieren lassen. Danach zum Abkühlen wegstellen.

Paprika waschen, würfeln und zu den kalten Nudeln geben. Basilikum, Fenchelkraut und Rucola waschen, fein hacken, und in eine große Schüssel geben. Orangensaft und Nussöl dazugeben und mit Salz und Pfeffer aus der Mühle abschmecken. Alles gut durchmengen und mit ein paar Blüten garnieren.

## Ysop

Der Volksmund nennt ihn auch Winterharten Thymian oder Essigkraut. Aber Thymian ist Thymian, und nach Essig schmeckt Ysop auch nicht. Er hat ein eigenes und recht kräftiges Aroma. In der Küche verwende ich das Kraut eher sparsam: zarte frische Blätter für den Salat und zum Würzen von Fleisch. Vornehmlich jedoch wandert der Ysop bei mir in den Tee. In Kombination mit Oregano und Basilikum würzt der Ysop einen vorzüglichen Magentee. Dafür lasse ich ihn blühen und ernte ihn mit den wunderbaren blauen Blüten. Ysop ist winterhart und wird gerne von Bienen und Schmetterlingen besucht. Er verträgt Trockenheit eher als zu viel Wasser und braucht nur wenig gedüngt zu werden. Als Heilpflanze gilt er als schleimlösend und soll den Blutdruck erhöhen.

## Zitronenverbene

Sie sollten einmal mit den Händen über eine Zitronenverbene streichen: ein kräftig zitroniges Aroma, gegen das die Zitronenmelisse, die viele kennen, sehr blass aussieht. Ich verwende Zitronenverbene für Teemischungen, aber auch für Torten oder Desserts. Die Pflanze stammt aus Südamerika und mag es daher gerne warm – auch im Winter. Dennoch hat sie bei mir im Kübel die Zwei-Meter-Marke schon überschritten. Sowohl Blätter als auch die weißen Blüten können geerntet werden. Sie mag es sonnig und nicht allzu windig. Den Winter verbringt sie blattlos im Keller, nach den Eisheiligen kommt sie wieder auf die Terrasse und treibt neu aus. Zitronenverbene kann über Stecklinge vermehrt werden und ist alles in allem ein recht pflegeleichter Vertreter des südlichen Amerika.

## Borretsch

Borretsch gehört zu den gängigen Küchenkräutern. Dennoch habe ich den Eindruck, dass er bei den meisten Gartenbesitzern nicht besonders oft im Essen landet. Das ist schade, denn das Aroma seiner behaarten Blätter passt hervorragend zu kalten Suppen – zum Beispiel Gurkensuppe –, und seine wunderschönen blauen Blütensterne sind zudem noch äußerst dekorativ. Mein Tipp: Gehackte junge Borretschblätter für ein Salatdressing verwenden, die Blüten zum Garnieren. Die Pflanze, der blutreinigende und entzündungshemmende Eigenschaften nachgesagt werden, mag es warm und sonnig, will mäßig gegossen und gut gedüngt werden. Zur Blütezeit von Juni bis August wird sie ständig von Bienen umschwärmt.

# Fitnessteller für Fleischfreunde

*Zutaten für vier Personen:*

Entscheiden Sie sich entweder für
4 Hähnchenbrüste oder
je 450 g Putenbrust, Schweinefilet,
Rinderfilet oder Lammhüfte ohne
Fettdeckel.
Wegen der unterschiedlichen
Garzeiten verwenden Sie bitte
immer nur eine Sorte Fleisch.
1 rote Paprika,
1 gelbe Paprika,
100 g Champignons,
etwas Ingwer,
1 Knoblauchzehe,
2 mittelgroße Zwiebeln,
1 Zucchini,
1 TL Butterschmalz,
Chilischote,
Salz,
schwarzer Pfeffer aus der Mühle,
Muskatnuss,
Mark von 2 cm Vanilleschote,
frisch gehacktes Basilikum,
frisch gehackte Petersilie

*Diese Variante eines Fitnesstellers beruht auch auf dem Trennkostprinzip. Hier habe ich ein paar saftige Filetsteaks mit einem knackigen Salat kombiniert.*

Das Fleisch unter fließendem Wasser abwaschen und trocken tupfen, dann in fingerdicke Streifen schneiden und beiseitestellen. Paprika waschen, entkernen, ebenfalls in Streifen schneiden. Champignons putzen und in dünne Scheiben schneiden. Vom Ingwer vier dünne Scheiben ab- und in Streifen schneiden. Die Knoblauchzehe fein hacken, bitte nicht pressen. Die Zwiebeln schälen, halbieren und von der Wurzel zum Stiel in Streifen schneiden. Die Zucchini in feine Stifte hobeln oder schneiden. In eine Pfanne – am besten eine Wokpfanne – Butterschmalz geben und das Fleisch kurz und kräftig anbraten, aus der Pfanne nehmen und warm stellen. Dann alle anderen Zutaten in die Pfanne geben – bis auf die Zucchinistifte, die kommen erst zum Schluss, damit sie noch knackig bleiben. Ein fingerdickes Stück von der Chilischote schneiden, fein hacken und damit und mit den anderen Gewürzen abschmecken. Die Zucchinistifte dazugeben, alles gut durchschwenken, mit Basilikum und Petersilie bestreuen und schön heiß servieren.

### Gesund bleiben!
## Trennkost

Übergewicht ist nicht gerade gesundheitsfördernd. Mir hilft am besten Bewegung – und die habe ich reichlich in der Küche und im Garten. Aber wenn doch einmal der Hosenbund zu kneifen beginnt, verzichte ich einfach ein paar Tage auf Nudeln, Kartoffeln, Reis, Brot – also auf alles, was kohlenhydratreich ist. Fleisch und Salat, Fleisch und Gemüse – das sind gute Kombinationen für die schlanke Linie. Dazu ein paar Runden ungesüßten Brennnesseltee zum Entschlacken, und die Leichtigkeit kehrt zurück.

## Amarant

Zu den Fuchsschwanzgewächsen zählt der Amarant, eine der ältesten Nutzpflanzen des Menschen. Bei Azteken, Inka und Maya gehörten die getreideähnlichen, sehr nahrhaften Samenperlchen zu den Hauptnahrungsmitteln. Doch wegen der Samen Amarant im Garten zu haben, wäre wohl sehr aufwendig. Ich lasse ihn wegen seiner Blätter wachsen, die ich im Spinat und deren zarte Spitzen auch im Salat verwende. Amarant wächst quasi von allein, kommt mit jedem Boden klar und sät sich – einmal angebaut – in jedem Frühjahr von selbst wieder aus. Man muss die Natur nur machen lassen. Ähnlich verhält sich auch der Buchweizen, der weiche, ganz glatte Blätter hat, die schön in den Salat passen und immer wieder nachwachsen, wenn man ein paar geerntet hat.

## Rotstieliger Klee

Genauer: Rotstieliger Knollensauerklee. Er gibt dem Salat eine angenehm säuerliche Note, und ich möchte auf ihn in meinem Garten und in meiner Küche nicht mehr verzichten. Dabei ist er gar nicht ganz so pflegeleicht, wie ich es mir immer wünsche, denn er ist nicht winterhart und muss – ähnlich wie Dahlien – vor dem Frost rein. Die Wurzeln werden ausgegraben und in einem Eimer mit Sand in den Keller gebracht. Im darauffolgenden Jahr haben sich kleine Knubbel, die Brutknöllchen, gebildet. Die ziehe ich im Blumentopf vor und pflanze sie nach den Eisheiligen ins Freiland. Die Pflanze wächst rasch und immer wieder nach und kann bis in den Herbst hinein regelmäßig geerntet werden. Sie wächst gleichmäßig niedrig und kann gut als Beeteinfassung gepflanzt werden.

## Portulak

Noch so eine schöne Pflanze für den Salat, die bei vielen als „Unkraut" gilt, in letzter Zeit aber als Gemüse wiederentdeckt wurde, ist der Portulak. Es gibt wohl an die 70 verschiedene Sorten. Für den Salat verwenden wir die frischen Triebe vor der Blüte der Pflanze. Ältere Blätter sind zunehmend bitter und haben nicht mehr diese säuerliche, leicht nussige Note. Wie andere Wildpflanzen ist der Portulak äußerst vitamin- und mineralstoffreich und gilt nicht nur als Salat-, sondern auch als Heilpflanze, die den Stoffwechsel anregt und bei Magen- und Darmleiden helfen soll. Ab Mai kann Portulak ins Freiland gesät werden – wenn er dort nicht sowieso schon wächst. Denn das einjährige Kraut mit seinen fleischigen Blättern und Stengeln sät sich gern selbst aus.

# Sedumgewächse für den Salat

Sedumgewächse gibt's viele, und am verbreitetsten unter den Fetthennen ist wohl der Mauerpfeffer, auch Tripmadam (Sedum reflexum) genannt. Haben wir sie nicht fast alle im Garten? Und was machen wir mit ihnen? Wir freuen uns, wenn sie im Herbst blühen. Dabei ist es eine fantastische Salatpflanze – eigentlich fast das ganze Jahr über. Wenn sie die Blütenansätze bildet, pflücke ich nicht mehr. Aber im Frühjahr, wenn die Blätter noch frisch und zart und noch nicht ledern sind, schmecken sie hervorragend. Das Schöne: Je öfter Sie sie bepflücken, desto krauser wird sie. Irgendwann lassen Sie sie in Ruhe, dann bildet sie ihre Blüten, und Sie haben im Herbst ihre Freude daran. Das Besondere für den Salat ist, dass wir es mit einem Dickblattgewächs zu tun haben, bei dem man auch etwas merkt, wenn man draufbeißt. Das knackt richtig und schmeckt leicht säuerlich, auch etwas schleimig – aber in der Mischung mit anderen Salatpflanzen steuert diese Fetthenne eine ganz besondere Note bei.

> **Alfons' Gartentipp:**
> ## Sedum
>
> Sedum ist was für Faule. Einmal gepflanzt, wachsen Fetthennen ohne besondere Pflege. Die robusten Pflanzen begnügen sich mit dünnen Substratschichten und breiten sich an den unwirtlichsten Stellen aus, vorausgesetzt, sie bekommen genug Sonne und keine nassen Füße. Denn bei Staunässe faulen die Wurzeln. Im Frühjahr etwas zurückschneiden. Ansonsten ist nicht viel zu tun – außer dann und wann mit dem Messer vorbeizukommen und ein paar Triebe für den Salat zu schneiden. Das mache ich, bis sich die Blüten bilden. Zur Vermehrung einfach das Stück eines Triebes in die Erde setzen.

# Knackiges Gemüse für deftige Genüsse

Keine Bange, bei mir bekommen Sie im Restaurant auch Fleisch auf den Teller. Und auch, wenn in diesem Kapitel das Gemüse im Vordergrund steht, finden Sie hier Rezepte, in denen Fleisch nicht nur eine Nebenrolle spielt. Aber Fleisch wächst eben nicht im Garten – es sei denn, sie halten dort ein Schwein. Hatten wir auch schon – ein schwarzes Minischwein namens Susi. Aber das ist eine andere Geschichte.

Bei den meisten von ihnen werden allerdings nicht Minischweine, sondern Möhren und Kohlrabi, Rettich und Radieschen, Petersilie und Kohl im Garten gedeihen – vorausgesetzt, Sie gehören nicht zur Rasenfraktion, die sogar die Obstbäume umnietet, weil sie im Herbst Laub abwerfen. Wenn doch – egal: Rasen lässt sich auch wieder umgraben ...

Mit den „Otto Normalos" des Gartengemüses werde ich Sie dennoch nicht langweilen. Ich möchte Ihnen lieber ein paar Kandidaten vorstellen, die hierzulande nicht mehr oder noch nicht in aller Munde sind: Topinambur und Pastinaken, Chinesischer Gemüsebaum und Klettenmarkstifte zum Beispiel. Dazu gibt es ein paar bewährte Rezepte, die ich besonders gern weitergebe, weil sie auf dem Gemüse basieren, das hier im Oderbruch besonders gut wächst: Spargel, Kartoffeln, Kürbis. Letzterer hat im Oderbruch eine lange und recht anrüchige Tradition. Vor der Trockenlegung der einst sehr wasserreichen Niederung vor gut 250 Jahren lebten die wenigen Bewohner in Rundlingsdörfern – Altwriezen ist beispielsweise eines, das noch gut erhalten ist. Sie lagen etwas höher, und die Bewohner hatten immer ein Boot parat, um zum Markt – zum Beispiel in Wriezen – zu gelangen. Sie lebten vom Fischfang oder fütterten in der wasserarmen Zeit die sogenannten Fettochsen, die meist auf Umwegen nach Berlin in die Mägen der Hauptstädter wanderten. Diese Ochsen fraßen nicht nur, ein Rind muss sich auch bis zu zwanzig Mal am Tag hinterrücks entleeren. Mit diesen Hinterlassenschaften bauten unsere Altvordern rund um ihre Höfe Wälle, die zum einen dem Hochwasserschutz dienten. Zum anderen gediehen auf ihnen prächtig riesige Kürbisse. Bei mir im Garten gedeihen sie ebenfalls ganz gut – auch ohne diese Dämme. Und auf Rekordkürbisse, groß wie Bahnhofsuhren, habe ich es sowieso nicht abgesehen. Mir sind die kleinen Kürbisse zum Füllen, die Muskatkürbisse und Butternut viel lieber. In der Kürbissaison biete ich sie meinen Gästen als gefüllte „ganze Frucht" an – und schließlich müssen sie auf den Teller passen. Das Rezept für das beliebte Herbstgericht habe ich natürlich für Sie notiert.

Ein anderes im Oderbruch sehr beliebtes Saisongemüse ist der Spargel. Bei Neuküstrinchen und nördlich des Bruchs bei Bralitz wächst er und kommt – eben erst gestochen und geschält – ganz frisch nach Rathsdorf. Mir schmeckt dieser Spargel sehr gut pur mit zerlassener Butter. Aber es geht auch etwas raffinierter, wie Sie lesen werden ...

*Vom Chinesischen Gemüsebaum nutzt man die Triebspitzen. Sie geben Pfannengemüse oder Suppen eine herzhaft-würzige Note.*

# Lauwarmer Kartoffelsalat

Dieser Salat passt sehr gut zu heißem Fleisch vom Grill. Da keine Mayonnaise verwendet wird, kann er ohne Bedenken etwas länger auf dem Grillbuffet stehen.

Zutaten für vier Personen:

1 kg Kartoffeln,
100 g Bauspeck,
2 kleine Zwiebeln,
5 kleine Gewürzgurken,
1 EL Butterschmalz oder Olivenöl,
1/2 Knoblauchzehe
oder etwas Zimmerknoblauch,
300 ml Gemüsebrühe,
Kräutersalz,
Pfeffer aus der Mühle,
Muskatnuss, frisch gerieben,
Curry

Kartoffeln nach Belieben für den Salat vorbereiten: also schälen oder Pellkartoffeln kochen und pellen, wenn sie handwarm sind; in Scheiben oder Würfel schneiden – ganz wie es Ihnen beliebt.

Bauchspeck würfeln und in einer Pfanne anbraten, fein gewürfelte Zwiebeln dazugeben. Gurken erst in Scheiben, dann in Stifte schneiden und mit in die Pfanne tun. Wahlweise Butterschmalz oder Olivenöl hinzugeben, alles anrösten, je nach persönlichem Geschmack den Knoblauch fein hacken und in die Pfanne geben. Dann das Ganze mit der Gemüsebrühe ablöschen, würzen und kräftig abschmecken.

Wir vollenden den Salat mit den frischen, klein gehackten Kräutern. Zur Wahl stehen Dill, Petersilie, Giersch, Schafgarbe und Oregano. Alles gut vermengen und durchziehen lassen. Sie können den Salat natürlich auch kalt essen. Aber dann bitte zimmerwarm und nicht eiskalt aus dem Kühlschrank.

Wenn Sie ihn einen Tag vorher vorbereiten, nehmen Sie ihn eine halbe Stunde vor dem Essen aus dem Kühlschrank, rühren ihn erneut durch und schmecken ihn noch einmal ab. Wenn die Kartoffeln sehr mehlig sind, gebe ich kurz vor dem Servieren gern noch einen guten Schuss Orangensaft dazu. Nun können Sie den Salat im Backofen anwärmen. In ein flaches Gefäß geben und für etwa zwanzig Minuten bei 50 Grad in den Backofen stellen.

*Vom Zimmerknoblauch verwendet man Lauchblätter und Blüten, die intensiv nach Knoblauch schmecken. Die Kübelpflanze überwintert im Keller. Im Frühjahr schneide ich das trocken gewordene Laub zurück. Dann riecht der ganze Hof danach.*

fein würfeln. Butter in Pfanne oder Topf leicht anbräunen und die Zwiebeln darin glasig anschwenken. Klettenmarkstifte hineingeben und kurz mit anschwenken. Mit Gemüsebrühe und Sahne ablöschen und etwas einreduzieren lassen bis es etwas sämig wird. Mit Salz, Pfeffer und Muskatnuss würzig abschmecken.

Tipp: Für dieses edle Gemüse wäre der Tasmanische Pfeffer, den ich Ihnen neben anderen aromatischen Pfeffersorten auf den Seiten 86 und 87 vorstelle, eine delikate Ergänzung.

Zu den Klettenmarkstiften passt Reis sehr gut. Man kann sie aber auch als wertvolle Gemüsebeilage zu edlem Fleisch oder Fisch reichen.

### Alfons` Gartentipp:
### Große Klette

Eine anspruchslose Pflanze, die auf kargem Boden wächst und in Asien und Europa beheimatet ist. Wer sie um sich haben möchte, kann sie im Frühling aussäen, blühen wird sie ein Jahr später. Die jungen Blätter können in den Salat wandern, die Delikatesse jedoch ist das Klettenmark. Die zweijährige Pflanze soll die Nierentäötigkeit anregen und blutreinigend und entzündungshemmend wirken. Zudem soll sie bei chronischen Hauterkrankungen hilfreich eingesetzt werden können.

gedacht hön aus, ja mehr r feines Gemüse, Sicherheit einem Gourmetrestaurant bekommen werden! Der Genuss kostet allerdings Zeit und Arbeit – Sie müssen die Klettenstiele schälen, um an das Mark zu kommen. Daher ist das Gericht eher etwas für traute Zweisamkeit als für die Beköstigung einer vielköpfigen Großfamilie – aber ich verspreche Ihnen: Es lohnt die Mühe!

Sammeln Sie einen großen Armvoll etwa fingerdicker Klettenstiele, schneiden sie in vier bis fünf Zentimeter lange Stücke und schälen sie. Nehmen Sie sich Zeit und machen Sie sich eine schöne Musik an! Das nimmt dem Schälen die Mühe und gibt ihm eine eher meditative Richtung.

Das fertig geschälte Mark in Salzwasser mit dem Natron zirka zwanzig Minuten lang kochen. In der Zwischenzeit die Zwiebel sehr

# Topinambur

Topinambur hat eine ganze Reihe verschiedener Namen: Erdtrüffel, Erdartischocke, Erdsonnenblume, Ewigkeitskartoffel, Knollensonnenblume, Ross-, Süß- oder Zuckerkartoffel oder Indianerknolle sind nur einige von ihnen. Indianerknolle deutet auf die Herkunft dieser wertvollen Kulturpflanze hin, die aus Nord- und Mittelamerika stammt. Sie wurde im Jahre 1612 erstmals in Paris gesichtet und breitete sich als Kulturpflanze über ganz Europa aus, bis sie vom Alten Fritz und seiner Kartoffel wieder verdrängt wurde.

In vielen Gärten führt die bis zu drei Meter hoch wachsende Pflanze trotz ihrer Größe ein Schattendasein und wird eher geduldet als geliebt, weil sie sich, einmal gepflanzt, gerne im Garten breitmacht. Das passiert aber nur, wenn Sie sie pflanzen und dann vergessen. Meine Topinambur-Ecke ist seit Jahren immer gleich groß, weil ich die Knollen bis tief in den Winter hinein ernte. Los geht`s damit im Herbst, wenn die oberen Pflanzenteile anfangen zu welken. Anders als die Kartoffel ist aber Topinambur nicht lange lagerfähig. Daher lasse ich ihn einfach in der Erde, decke ihn mit Laub oder Stroh etwas ab und kann dann auch bei Frost die gesunden Knollen aus der Erde graben, die sich als Rohkost verspeisen lassen: Das ist dann in der kalten Jahreszeit eine echte Vitaminbombe.

# Topinambursuppe mit Ingwer

*Zutaten für vier Personen:*

700 g Topinambur,
1 Zwiebel,
1 Knoblauchzehe,
3 Möhren,
Ingwer,
1 Stange Lauchsellerie,
2 EL Butterschmalz,
1 l Gemüsebrühe,
Pfeffer,
Kräutersalz,
1 Prise Kurkuma,
1 Prise Nelken,
200 ml Sahne

Topinambur putzen (den Sand mit einer Bürste abschrubben), grob würfeln und kurz beiseitestellen. Zwiebel würfeln, Knoblauchzehe klein schneiden – nicht quetschen. Die Möhren putzen und grob würfeln. Von der Ingwerknolle vier feine Scheiben schneiden. Auch die Stange Lauchsellerie grob würfeln. Butterschmalz in einer Pfanne leicht erhitzen und alle Zutaten – bis auf den Topinambur – andünsten, aber nicht braun werden lassen. Nun die Topinamburwürfel dazugeben und etwa fünf Minuten mit andünsten. Gemüsebrühe auffüllen und mit Pfeffer, Kräutersalz, Kurkuma und Nelken würzen und alles etwa zwanzig Minuten weich köcheln lassen. Die Sahne zugeben und alles kurz aufkochen lassen. Gegebenenfalls mit Brühe auffüllen. Den Topf vom Herd nehmen und die Suppe fein pürieren. Noch einmal mit Muskatnuss, Salz und Pfeffer abschmecken, bis sie eine kräftige Würze hat.

## Alfons` Gartentipp:
### Topinambur

Oft werde ich nach Schlankmachern im Reich der Pflanzen gefragt: „Gibt es denn nicht ein Kraut, von dem man abnimmt?" Ach wenn das Abnehmen im Kopf beginnt: Topinambur kann zumindest helfen, den Appetit etwas zu zügeln. Topinambur putzen, waschen und in kleine Würfel schneiden, in ein weithalsiges Glas füllen und mit 30-prozentigem Korn übergießen, sodass die Würfel gut abgedeckt sind. Das Ganze drei Wochen am Fenster ziehen lassen und danach durch einen Kaffeefilter gießen. Wie Medizin morgens und abends je einen Eßlöffel Tropfen einnehmen.

Die Knollen kann man für Rohkostsalat reiben, zu Suppe, Salat oder Püree verarbeiten. Allerdings sollten Sie bei Letzterem ein Drittel Topinambur mit zwei Dritteln Kartoffeln mischen, da Topinambur keine Stärke besitzt. Das lässt ihn andererseits so gesund sein. Diabetiker schätzen, dass er kaum Kalorien, dafür aber viele Vitamine und Mineralien und vor allem den wertvollen Mehrfachzucker Inulin enthält, der als Ballaststoff wirkt. Regelmäßiger Genuss soll sich positiv auf die Blutfettwerte auswirken. Übrigens: Die Topinamburblüten können im Salat oder in Teemischungen Verwendung finden.

# Schmorgurken nach Alfons' Art

Zutaten für vier Personen:

5-6 dicke Salatgurken,
100 g Bauchspeck,
etwas durchwachsen,
2 mittelgroße Zwiebeln,
1 Knoblauchzehe,
1 EL Butterschmalz,
50 g Tomatenmark,
150 g Aiwar (ein Paprikamark),
1 Prise Kümmel,
1 Prise Nelken,
1 Prise Muskatnuss,
1 TL gekörnte Gemüsebrühe
oder Rinderbouillon,
1 TL Kräutersalz,
Pfeffer aus der Mühle,
frische Kräuter zum Garnieren

Bei diesem Rezept können Sie das Gericht ganz verschieden kombinieren – Schmorgurken mit Reis oder Kartoffeln als Hauptgericht, Schmorgurken als Gemüsebeilage zu Fisch oder Fleisch. Lassen Sie den Speck weg, haben Sie zum Beispiel Schmorgurken vegetarisch. Wichtig ist, schön kräftig mit Salz, Gemüsebrühe und Pfeffer zu würzen. Dann wird es garantiert lecker. Es sei denn, Sie können Schmorgurken nicht leiden. Dann blättern Sie lieber weiter.

Statt der Salatgurken können Sie wahlweise auch Schmor- oder Senfgurken verwenden und eine etwas zu groß geratene Zucchini untermischen. Die Gurken schälen, der Länge nach aufschneiden und mit einem Esslöffel die Kerne herausschaben. Dann vierteln und in etwa einen halben Zentimeter dicke Streifen schneiden. Es sollten dabei kleine Halbmonde entstehen. Wählen Sie einen möglichst großen und breiten Schmortopf.

Bauchspeck, Zwiebeln und Knoblauch in kleine Würfel schneiden. Butterschmalz in einer Pfanne erhitzen und zuerst den Speck darin bei mittelgroßer Hitze anbraten. Dann den Rest zugeben und dünsten. Der Speck sollte etwas knusprig werden, aber nicht verbrennen.

Nun geben wir die vorbereiteten Gurken dazu und rühren öfter einmal gut um. Die Hitze können wir jetzt erhöhen, da die Gurken ja kalt und feucht sind. Tomatenmark, Aiwar, Gewürze, gekörnte Brühe, Kräutersalz und Pfeffer aus der Mühle dazugeben, kräftig abschmecken und etwa zehn Minuten dünsten. Je nach Wassergehalt der Gurken kann es sein, dass Sie etwas Wasser zugeben müssen, das Sie dann beim Abschmecken berücksichtigen sollten; die Konsistenz des Ganzen sollte wie die von einem Gulasch sein.

Kurz vor dem Servieren mit den frisch gehackten Kräutern bestreuen. Es passen zum Beispiel Petersilie, Borretsch, Oregano, Ysop und Basilikum.

# Sellerietaschen mit Kräuterwolke

Zutaten für vier Personen:

1 große Sellerieknolle,
1 l Wasser,
1 EL Salz,
1 kleine Zwiebel,

2 EL junge Brennnesselblätter,
1 EL Fenchellaub oder Basilikum,
Rucola,
¼ Zehe Knoblauch,
1 TL Butter
Salz,
Pfeffer,
Muskat

2 Eier,
Semmel
1 Prise
3 EL g

D
Sc
M
d
v

in k
und trocken tup...
Scheiben in gleichmäßige
fel schneiden. Auch die Zwiebel
schälen und würfeln.

Was die Kräuter anbelangt, lassen Sie bitte Ihrer Fantasie freien Lauf und fassen die angegebene Kombination als Vorschlag auf. Sie können immer wieder andere ausprobieren!

Gehackte junge Brennnesselblätter, frisches Fenchellaub und Rucola verlesen, waschen und zerkleinern. Knoblauch fein hacken. Butterschmalz in eine Pfanne geben und die gewürfelten Zutaten bei kleiner Flamme anschwitzen – nicht bräunen – und beiseitestellen. Mit Salz, Pfeffer und Muskat abschmecken.

Beiden Eier aufschlagen, die Panade mit dem zweiten Eis mischen. Eigelb zur Seite stellen, später damit die Sellerietaschen zu verkleben.

Semmelbrösel, Salz und die gemahlenen Haselnüsse miteinander vermengen. Auf jede Selleriescheibe ein Häufchen der angeschwitzten würzigen Selleriefüllung geben. Zu einem Halbmond zusammenklappen und die Ränder mit dem Eigelb gut bestreichen und verkleben. Es empfiehlt sich gut, wenn man sie noch ein paar Minuten trocknen lässt. Dann mit dem Ei-Semmelbrösel-Nuss-Gemisch panieren und in der Pfanne mit wenig Butterschmalz goldgelb ausbraten. Heiß servieren und entweder als vegetarische Gemüsebeilage, als Vorspeise oder als eine kleine Zwischenmahlzeit reichen.

# Junge Pellkartoffeln mit Majoranstippe

*Zutaten:*

kleine, junge Kartoffeln,
Salz, Lorbeerblatt, Ingwer,
50 g Butter,
50 g Margarine oder
Butterschmalz,
60 g Bauchspeck,
2 mittelgroße Zwiebeln,
5 EL Mehl,
600 ml Gemüsebrühe,
Salz, Pfeffer, Muskatnuss,
3 EL Majoran

Ein einfaches Gericht mit viel Geschmack aus frisch geernteten Kartoffeln. Wie üblich waschen und kochen.
Ich gebe auch bei Pellkartoffeln immer etwas Salz, Lorbeerblatt und ein Stück Ingwer dazu. Während die Kartoffeln vor sich hin kochen, bereiten wir die Majoranstippe zu.
Butter und Butterschmalz in einer nicht zu flachen Pfanne schmelzen. Bauchspeck und Zwiebeln fein würfeln und darin anschwitzen. Das Mehl zugeben und in drei bis fünf Minuten eine Mehlschwitze zubereiten. Sie sollte nicht zu hell, aber auch nicht zu dunkel geraten – also die goldene Mitte anpeilen.
Zum richtigen Zeitpunkt mit der Gemüsebrühe ablöschen und zu einer Soße verrühren. Die wird mit Salz, Pfeffer, Muskat und einer guten Portion Majoran abgeschmeckt.

# Kräuterquark

*Zutaten:*

500 g Quark, 40 % Fett,
Kräutersalz,
Zitronenschale,
Kräuter aus dem Garten
(Mischung siehe unten)

Für den Kräuterquark Marke Breier verwende ich am liebsten den Vierzigprozentigen. Sparen Sie die Kalorien lieber an anderer Stelle ein – hier lohnt der Genuss den Einsatz! Zum Quark gebe ich einen flachen Teelöffel Kräutersalz, etwas Abrieb von einer Biozitrone und natürlich viele frische Kräuter. Variieren Sie und finden heraus, was Ihnen am besten mundet! Ich mag ihn gern mit Petersilie, Basilikum, Dill, Spitzwegerich, Süßdolde, Vogelmiere und Girsch.

# Kalte Gemüsesuppe

*Zutaten für vier Personen:*

1 bis 1,5 l Tomatensaft,
Möhren, Zwiebeln,
Kohlrabi, Fenchel,
Zucchini, Tomaten, Paprika,
Kräutersalz,
1 Knoblauchzehe,
Chilisalz,
Pfeffer aus der Mühle,
Muskatnuss, frisch gerieben

Kalte Gemüsesuppe passt perfekt zu einem heißen Sommertag. Eine echte Leckerei – auch für Fleischliebhaber – und eine farbenfrohe Ergänzung für einen Grillabend.

Ich biete Ihnen ein variables Rezept an, das Sie ganz nach Ihren geschmacklichen Vorlieben ausrichten können. Als Grundlage nehmen Sie einen bis anderthalb Liter Tomatensaft. Bei der Menge kommt es ein bisschen darauf an, wie viel und was für Gemüse Sie verwenden. Grundsätzlich gilt: Was Ihnen schmeckt, kommt rein, was nicht, lassen Sie weg. Harte Gemüsesorten wie Möhren, Zwiebeln, Kohlrabi und Fenchel werden blanchiert, bevor sie in die Suppe kommen. Aber nicht länger als nötig im kalten Wasser liegen lassen, sondern rasch verwenden! Weiche Gemüsesorten wie Zucchini, Tomaten und Paprika wandern roh in die Suppe.

Bei dem Gemüse verzichte ich auf Mengenangaben. Je nachdem welche Gemüse sie verwenden, haben Sie die Menge für Ihre Familie im Blick, dessen bin ich mir sicher. Je vielfältiger Ihre Gemüseauswahl, desto besser für die Suppe.

Alle Gemüse werden über einen Küchenhobel in kleine Stifte geschnitzelt (siehe Foto). Die „Harten" nach dem Hobeln kurz blanchieren, die „Weichen" gleich in eine große Schüssel hobeln und mit dem Kräutersalz vermengen. Wer mag, gibt fein gehackten Knoblauch dazu. Mit Chilisalz, Pfeffer aus der Mühle und frisch geriebener Muskatnuss abschmecken. Alles gut durchmengen, damit das Salz unser frisches Gemüse etwas mürbe macht. Ist das restliche Gemüse blanchiert, abgeschreckt, abgegossen und abgetropft, kommt es dazu. Mit dem Tomatensaft auffüllen, alles durchmengen und kräftig abschmecken. Dann sollte die Suppe mindestens eine Stunde durchziehen.

Kurz vor dem Servieren kommen noch frisch gehackte Kräuter dazu. Ich schlage Ihnen drei passende Kombinationen vor:
• Petersilie, Basilikum und Bohnenkraut
• Süßdolde, Fenchelkraut, Petersilie und Schnittlauch
• Gundermann, aber nur wenig, Bergbohnenkraut und Basilikum
Probieren Sie, was sonst noch so passt! Ihrem Geschmack und ihrer Fantasie sind auch hier keinerlei Grenzen gesetzt!

## Fleisch

Damit die Nichtvegetarier unter Ihnen keine Panik bekommen: Jetzt gibt`s Gulasch! Danach werde ich immer mal gefragt, denn manch einer hat so seine Probleme, eine satte Farbe hinzubekommen. Darum schreibe ich Ihnen mal ganz ausführlich auf, wie ich mein Gulasch zubereite. Wenn's dann immer noch nicht klappt, muss es wohl am Topf liegen ... Der Kauf von Fleisch ist eine Frage des Vertrauens. Vertrauen ist ein Gefühl, und es soll durch die Etiketten auf den Packungen gestärkt werden. Nun haben wir erfahren, dass auf den Etiketten manchmal nicht die Wahrheit steht. Aber was soll man tun? Denn, ja, ich esse Fleisch – danach werde ich bei meinen Kräuterführungen nämlich auch immer wieder gefragt. Aber ich esse es nicht jeden Tag, sondern vielleicht ein- oder zweimal in der Woche. Und ich vermeide alles, was ein utopisches Haltbarkeitsdatum hat, denn je länger haltbar, desto weniger kann da an „Leben" drin sein. Wir essen zu viele Konserven, zu viele tote Nahrungsmittel. Ab und zu Fleisch schadet dagegen nicht, davon bin ich überzeugt. Am besten kauft man Fleisch und Wurst wohl beim Direktvermarkter, der seine Tiere nach Biorichtlinien großgezogen hat. Die kann man sehen und anfassen, man sieht, ob es ihnen gut geht. Oder man kauft im Fachhandel. Und: Es muss nicht jeden Tag Fleisch auf den Teller kommen – aber heute schon ...

# Schweinegulasch

Zutaten für vier Personen:

800 g Schweinekamm,
12 g Kräutersalz,
1 l Gemüsebrühe,
2 EL Tomatenmark,
400 g Zwiebeln,
200 g Champignons,
1 Möhre,
¼ Fenchelknolle,
1 Knoblauchzehe,
1 EL Pflanzenöl

Das Fleisch waschen, trockentupfen und in kleine Würfel von zirka zwei mal zwei Zentimetern schneiden. Ich erledige das immer einen Tag vorher und würze mein Fleisch nach dem Schneiden mit 15 Gramm Kräutersalz auf ein Kilogramm Fleisch – in unserem Beispiel brauchen wir also zwölf Gramm. Das Fleisch kommt in eine Schüssel und über Nacht in den Kühlschrank. Vor dem Schmoren sollten Sie es jedoch wenigstens zwei Stunden bei Zimmertemperatur stehen lassen. Dadurch kann das Salz in Ruhe arbeiten und sich im Fleisch verteilen. So schmeckt es viel würziger und wässert nicht aus.

Das Gemüse putzen und die Zwiebeln in Würfel oder Scheiben schneiden. Den Knoblauch fein würfeln. Die Champignons in Scheiben schneiden, Möhren und Fenchel mit dem Gemüsehobel in ganz feine Stifte schnitzeln (Querschnitt 1,5 x 1,5 Millimeter).

Etwas Öl in den Schmortopf geben und anheizen. Wenn der Topf richtig heiß ist, das Fleisch auf dem Topfboden gleichmäßig und flach verteilen und nicht mehr darin herumrühren. Geben Sie dem Fleisch seine Zeit. Nach gut fünf Minuten nehmen Sie die Hitze etwas zurück. Das Fleisch sollte nicht mehr am Topfboden kleben, sondern sich gut umrühren lassen. Jetzt dürfen Sie rühren! Lassen Sie den entstandenen Fleischsaft wegbraten. Man hört dann schon am Brutzeln, wenn das Fleisch gut Farbe angenommen hat. Geben Sie das Tomatenmark dazu und bleiben jetzt ständig am Rühren, denn das Tomatenmark verbrennt sehr leicht und wird dann bitter. Löschen Sie mit Gemüsebrühe ab: etwa einen halben Viertelliter-Kaffeebecher. Dann wieder braun werden lassen. Diesen Vorgang wiederholen Sie drei-, viermal, damit eine schöne Farbe entsteht.

Jetzt geben Sie die restlichen Zutaten hinein und schmoren sie noch einmal kurz mit. Das Ganze mit Gemüsebrühe bedecken und bei kleinerer Hitze langsam köcheln lassen. Wenn das Fleisch weich ist, noch einmal kräftig abschmecken mit:

Pfeffer,
Kümmel,
gemahlenem Lorbeerlaub,
frisch geriebener Muskatnuss,
einer Prise Nelken
und Chilisalz.

Wer möchte, kann das Gulasch jetzt natürlich etwas binden – mir schmeckt es pur einfach besser, ich würde es so lassen.

Beim Wildgulasch kann man sich ganz auf den Geschmack des Wildbrets verlassen.

# Ziegenkäsesuppe mit Pfiff

*Zutaten für vier bis sechs Personen*

1 l Gemüsebrühe,
200 g Ziegenmilch oder Sahne,
20 g Butter,
250 g Ziegenfrischkäse mit Knoblauchgeschmack,
200 g Ziegenkäsecreme (Schmelzkäse),

Ingwer,
1/2 Sellerieknolle,
1/2 Stange Lauch,
1 große oder 2 kleine Möhren,

Salz,
Pfeffer,
Macis (siehe Rezept),
gemahlener Lorbeer,
Knoblauch nach Belieben,

4 EL Kokosraspeln,
Pfeffer aus der Mühle

*Die Wilde Karde ist heute wohl nur noch von Hummeln und anderen Insekten heiß begehrt. Früher wusste man den Boden der Kardenblüte für Salate und Gemüse zu verwenden. Heilpraktiker sagen ihr heilende Kräfte bei Borreliose nach. Wo sie wächst, zeigt sie einen kalkreichen Lehmboden an.*

Die Gemüsebrühe mit Ziegenmilch, Butter und Frischkäse in einem großen Topf erhitzen, die Ziegenkäsecreme dazugeben und öfter einmal umrühren. Nebenbei das Gemüse putzen und waschen.

Vom Ingwer ein bis zwei münzdicke Scheiben schneiden, vom Sellerie vier Scheiben, jede etwa zwei Millimeter dick. Das Gemüse in vier Zentimeter lange, zwei mal zwei Millimeter dicke Stiftchen schneiden oder mit dem Küchenhobel schnetzeln und dann für etwa fünf Minuten in der heiß gewordenen Suppe ziehen lassen. Es sollte noch Biss haben!

Mit Salz, Pfeffer, Macis, Lorbeer und Knoblauch abschmecken. Wer sie noch nicht kennt: Macis, auch Muskatblüte genannt, ist der Samenmantel des Muskatnussbaums und umhüllt die Nuss. Macis schmeckt ähnlich, aber etwas milder. Ich verwende es nach Gefühl alternativ zur Muskatnuss.

Und nun der Pfiff: Eigelb in eine Schüssel rühren, mit dem Sekt verquirlen und die Mischung in die nicht mehr kochende Suppe geben. Die Suppe bindet dadurch und bekommt ein feines Aroma.

Die Kokosraspeln in einer Pfanne ohne Fett goldgelb rösten und leicht salzen. Die Suppe auf vorgewärmten Tellern anrichten, die gerösteten Kokosraspeln darüberstreuen und mit schwarzem Pfeffer aus der Mühle und – so vorhanden – einigen frischen Veilchenblüten vollenden.

# Gebratener Spargel mit Mandeln

*Zutaten für vier Personen:*

500 g Spargel,
2 EL Rapsöl,
1 EL Butterschmalz,
1 bis 2 EL Puderzucker,
(je nachdem wie bitter der Spargel womöglich ist),
100 g gehobelte Mandelblättchen,
100 ml trockener Riesling,
Kräutersalz,
Muskatnuss,
Pfeffer,
Gartenkresse,
10 Erdbeeren

Spargel schälen, kurz abspühlen, abtropfen lassen und in etwa einen Zentimeter lange Stifte schneiden. Sehr schräg schneiden – als wenn man Rosen anschneidet – sodass eine Spargelstange in zehn bis zwölf „Schrägstücke" geteilt wird. Das Kopfende kann ganz bleiben!

Geben Sie Rapsöl und Butterschmalz in die größte Pfanne oder den größten Schmortopf, den Sie haben. Wenn das Fett heiß ist, geben Sie den geschnittenen Spargel dazu. Bei großer Flamme braten Sie ihn kräftig an, wobei Sie ihn gut durchschwenken beziehungsweise stetig rühren.

Den Puderzucker in ein Sieb geben und den Spargel abstäuben. Vorsicht! Er darf nicht verbrennen! Schön schwenken und die Mandelblättchen hinzugeben. Mit dem Riesling ablöschen und die Hitze herunterregeln. Für gut zehn Minuten den Wein einreduzieren lassen. Wenn das Ganze schneller geht, dann ist Ihre Pfanne noch zu heiß, und Sie müssen noch etwas Gemüsebrühe zugießen. Aber nur so viel, dass Spargel und Mandeln nicht anbrennen. Der Spargel sollte noch einen guten Biss haben und in wenig Flüssigkeit liegen. Würzen Sie mit ein wenig Kräutersalz, frisch geriebener Muskatnuss, einem guten, fruchtigen Pfeffer (siehe Seite 86 und 87) und frischer Gartenkresse. Mit etwa zehn geputzten und geviertelten Erdbeeren garnieren und sofort servieren.

Dazu passen ein körniger Reis und Wildkräutersalat.

# Kürbis

Steckt nicht die Welt voller Überraschungen? Dass so ein riesiger Kürbis eigentlich eine Beere ist, gehört für mich unbedingt dazu. Ursprünglich stammt der Kürbis aus Amerika, verbreitete sich aber nach der Entdeckung des Kontinents schnell in der ganzen wärmeren Welt. Zwischen Garten- und Riesenkürbis, zwei der wichtigsten Arten – botanisch gesehen – unterscheidet in der Küche kaum jemand. Dafür gibt es eine wahre Flut von Sorten, Formen und Farben, und insbesondere die englisch sprechenden Völker versuchen durch nutzorientierte Namensgebungen der Vielfalt Herr zu werden. Zum Beispiel meint Summer Squash Kürbisse, die ungekocht verzehrt, aber nicht gelagert werden können. Das Gegenstück dazu sind die Winter-Squash-Modelle. Meine Lieblinge sind Butternut mit seinen vielen Sorten, Muskatkürbisse und der Delicata, auch Sweet Potato genannt, der sich wunderbar im Backofen zubereiten lässt. Wenn ich auf einer meiner viel zu seltenen Urlaubsreisen – ich fahre zum Beispiel sehr gerne nach Madeira – einen Kürbis entdecke, der mir gefällt, hebe ich die Kerne auf und versuche ihn zu Hause nachzuziehen. Das hat bisher schon oft geklappt. Und auch, wenn es so irre viele Kürbissorten gibt – meine kleinen Favoriten gefallen mir besser als die Riesen, die im Oderbruch früher Mode waren.

### Alfons` Gartentipp:
### Kürbis nachziehen

Kürbisse müssen nicht unbedingt auf dem Komposthauffen angebaut werden. Es reicht, wenn die Erde locker und gut gedüngt und es am Standort schön sonnig ist. Bei der Nachzucht von Kürbissen sollte man auf F1-Hybriden verzichten. Selbst wenn es klappt, kann man nicht sicher sein, ob sich die Nachzucht verändert hat – nicht alle Kürbisse sind essbar, es gibt auch giftige. Also besser Finger weg! Hingegen sind Kürbisblüten wie die von Zucchini sehr schmackhaft. Man kann sie auch füllen.

Zutaten für vier Personen:

1-1,5 kg Kürbis,
1 Ananas,
2 Zwiebeln,
2 Knoblauchzehen,
3 Scheiben Ingwer,
2 EL Olivenöl,
1 EL Puderzucker,
6 EL Aiwar (Paprikamark), mittelscharf,
Kräuter- und Chilisalz,
Pfeffer aus der Mühle,
1 Prise Nelken,
1 Prise Piment,
1 ½ TL gekörnte Gemüsebrühe,
1 Prise Muskatnuss,
Blüten zum Dekorieren

## Kürbis-Ananas-Gemüse

Eine leckere Beilage, ein vegetarisches Hauptgericht zu Reis oder „Füllmaterial" für einen kleinen Kürbis.

Den Kürbis, am besten Butternut oder Muskatkürbis – Hokkaido ist nicht zu empfehlen, da er roh zu hart ist – schälen und in einen Zentimeter dicke Scheiben schneiden, die anschließend in zwei Zentimeter lange Stifte geschnitten werden. Auch die frische Ananas wird geschält, der Länge nach aufgeschnitten und geviertelt. Den holzigen Strunk entfernen. Den Rest in fingerdicke Stifte schneiden.

Zwiebeln, Knoblauch und Ingwer schälen und fein würfeln. Olivenöl in einen Schmortopf geben und alle Zutaten bis auf die Kürbisstifte darin bei mittelgroßer Hitze anschwitzen. Den Puderzucker darüberstäuben und leicht karamellisieren lassen. Es darf jetzt nicht verbrennen!

Wenn es doch zu heiß geworden ist, schnell mit etwas Gemüsebrühe oder zur Not mit Wasser ablöschen. Aiwar hinzugeben und mit der Gemüsebrühe ablöschen. Erst jetzt kommt der Kürbis hinzu. Der wird nicht lange brauchen, bis er weich ist. Je nach Sorte ist das etwas verschieden. Aber er sollte nicht zu weich werden.

Alles gut durchrühren und mit Kräutersalz, Pfeffer, Chilisalz, Nelke, Piment, Muskat und gegebenenfalls etwas gekörnter Brühe abschmecken.

## Alfons' Gartentipp: Zwiebeln

Mit zwei verschiedenen Zwiebeln habe ich beste Erfahrungen gemacht: In unmittelbarer Nachbarschaft wachsen bei mir Luftzwiebeln und Winterheckezwiebel. Beide pflanzt man und hat sie dann ein Leben lang. Die Luftzwiebel hat oben keine Blüten, sondern statt dieser kleine Brutzwiebeln. Die ersten Tomaten, dazu diese Zwiebelchen – da lacht das Herz, und man braucht nichts anderes mehr. Und wenn irgendwo in einem Rezept steht, man solle Schalotten verwenden, nehmen Sie diese Luftzwiebeln, denn Schalotten sind etwas milder als andere und die Luftzwiebeln auch. Wenn man sie nicht erntet, fallen sie herunter und wachsen neu. Zur Not kann man auch eine Mutterzwiebel ausgraben, wenn man keine andere zur Hand hat.

Die Winterheckezwiebel (siehe Foto) – ist eher was für den Lauch. Man kann sie schneiden, sie wächst bis zum Frost immer wieder nach und kann bei mildem Wetter auch im Winter beerntet werden. Ich lasse immer eine Reihe stehen und grabe sie im Winter nicht aus – sie kommt wieder ... Vermehren kann man beide Zwiebeln auch durch Teilung. Ich habe sie schon jahrelang in meinem Garten und kann sie wirklich nur jedem Zwiebel- und Gartenfreund empfehlen.

# Rote-Bete-Rohkost

*Zutaten für vier Personen:*

5 Rote Bete, mittelgroß,
3 Möhren, mittelgroß,
2 Äpfel,
1 Bioorange,

2 EL Honig,
Vanillesalz,
Pfeffer aus der Mühle,
1 EL Himbeeressig,
1 cm Ingwerwurzel,
1 Knoblauchzehe,
1 EL Nussöl,
1 TL dunkles Sesamöl,
1 TL Raps- oder Mohnöl,
etwas frische Minze

Rote Bete, Möhren und Äpfel schälen, waschen und abtropfen lassen. Mit einem Küchenhobel alles zerkleinern. Die Orange waschen, trocken tupfen. Von einer Hälfte Schale abreiben und zum geraspelten Gemüse geben. Orange auspressen und den Saft ebenfalls dazugeben. Honig, Salz, Pfeffer und Essig verrühren, Ingwer hineinreiben und nach Belieben den fein gehackten Knoblauch dazutun. Abschmecken, gegebenenfalls nachwürzen und zum Schluss das Öl unterheben. Die Minze hacken und frisch über den Salat streuen.

# Rote-Bete-Suppe mit Schuss

*Zutaten für vier Personen:*

6 Rote Bete, mittelgroß,
2 EL Olivenöl,
2 Zwiebeln, mittelgroß,
4 Möhren,
½ Fenchelknolle,
1,5 Stangen Sellerie,
1 Knoblauchzehe,
200 ml Weißwein,
1 l Gemüsebrühe,
3 Äpfel,
200 ml Weißwein, trocken,
200 ml Sahne,
Kräutersalz, Muskatnuss, Chilisalz,
1 Prise gemahlene Nelken,
1 kleine Prise Zimt

Rote Bete schälen und noch mal abwaschen, sodass vom Schälen kein Sand mehr anhaftet – ausnahmsweise am besten mit Handschuhen, damit man sich nicht verfärbt. Kurz abtropfen lassen, in kleinere Würfel schneiden und zur Seite stellen.

Olivenöl in einen Topf geben und bei mittlerer Flamme erhitzen. Zwiebeln, Möhren, Fenchel, Sellerie und Knoblauch schälen und würfeln. Alles in den Topf geben und kurz anschwitzen. Nicht zu braun werden lassen! Dann die Rote Bete dazugeben, fünf Minuten mit anschwitzen und alles mit Weißwein ablöschen und reduzieren. Gießen Sie die Gemüsebrühe auf und geben die geschälten und entkernten Äpfel dazu. Lassen Sie alles etwa 20 Minuten gar köcheln, aber nicht zu weich werden. Die Sahne hinzugeben und mit Kräutersalz, Muskat, Chilisalz, Nelken, einem Hauch Zimt und gegebenenfalls etwas Zucker – das kommt darauf an, wie viel Säure die Äpfel haben – abschmecken.

Alles fein pürieren, auf die Teller füllen, frischen Pfeffer aus der Mühle darübergeben und mit ein bisschen Schmand ein Muster in die Suppe malen. Dazu reichen Sie am besten Baguette mit selbst gemachter Kräuterbutter oder ein Stück geröstetes Roggenbrot.

## Ein Blick in den Folientunnel

Mittels der Fotos auf der linken Seite können Sie einen Blick in einen meiner beiden Folientunnel werfen. Davon gibt es zur Zeit zwei, jeder ist 40 Meter lang und sechs Meter breit. Darin wächst viel von dem, was sich später im Restaurant auf den Tellern wiederfindet: Tomaten, Paprika, Gurken, Salat und vor allem Kräuter. Der Vorteil liegt auf der Hand: Im Frühjahr bin ich viel schneller mit selbst gezogenen Kräutern und muss nicht mehr so viel dazukaufen. Biete ich doch meinen Gästen am liebsten etwas an, von dem ich genau weiß, wo und unter welchen Bedingungen es gewachsen ist. Und Ihnen geht es mit Ihrer Familie sicher nicht viel anders.

Außerdem: Wenn ich an die Tomaten denke – da ist ohne Überdachung doch kaum noch etwas Gutes hinzukriegen. Der Braunfäule begegnet man meines Erachtens immer noch am wirksamsten mit einem Schutz vor Regen – resistente Sorten hin oder her.

Gartenfreunde wissen: Das Tomaten- und Paprikabeet wird immer zuletzt bepflanzt. Ich gieße es dennoch schon im Frühjahr immer ganz regelmäßig. Warum? Damit das „Unkraut" schön wachsen kann. Sie wissen ja schon, dass ich zu Melde, Vogelmiere, Hirtentäschel und Franzosenkraut ein ganz besonderes Verhältnis habe. Zum Lohn bekomme ich schon sehr zeitig einen schönen, zarten Wildkräutersalat.

Wenn Sie in Ihrem Gewächshaus auch Paprika anbauen wollen, dann pflanzen Sie ihn nicht in die Erde, sondern in große Kübel, zum Beispiel alte Eimer oder Saure-Gurken-Großbehälter. Für eine Pflanze sollte es in etwa ein 15-Liter-Eimer sein. Das mag vielleicht nicht ganz so toll aussehen, aber Sie werden begeistert sein! Ich jedenfalls konnte meine Ernte verdoppeln. Der Trick: Paprika liebt warme Füße, und die Kübel können die Wärme des Tages viel besser speichern als der Gewächshausboden in Gänze.

### Alfons` Gartentipp:
### Nacktschnecken

Schnecke-Popecke, stecke deine Hörner raus … Als Kind fand ich das noch lustig. Damals gab es wohl auch noch nicht so unendlich viele von diesen Nacktschnecken. Mein Verhältnis zu Schnecken im Allgemeinen hat jedenfalls durch diese Fressmonster sehr gelitten. Jeder Gärtner versucht wohl auf seine Weise, ihrer Herr zu werden. Ich lege an schattigen Stellen im Garten alte Tondachsteine aus. Zwei schräg übereinander oder einen kleinen Feldstein darunter, so dass der Stein etwas hohl liegt. Von der Unterseite sollten die Steine durch Sprengen oder Gießen immer feucht sein. Das lieben die Schnecken! Dann komme ich und sammle sie ein. Und über das Ende des Kapitels wollen wir lieber schweigen.

*Einmal gepflanzt, kommt der Französische Baumspinat immer wieder. Er treibt immer neue zarte Blätter, die sich für Salat und Spinat eignen. Im Winter stehen lassen! Die Vögel freuen sich!*

# Über essbare und schmackhafte Schönheiten

Das Essen von Blüten ist keine Erfindung unserer modernen Zeit. Schon die alten Römer taten es – vermutlich wie wir zum einen, weil das Auge mitisst, zum anderen, weil manche Blüte ein ganz eigenes Aroma ins Essen bringt. Nun höre ich sehr oft: „Ach, die arme Blüte, die kann ich doch nicht essen, die ist sooo schön und viel zu schade." Ich meine: Vielleicht hätte sich die Blüte auch gefreut, in der Schönheit ihres Lebens genüsslich verspeißt zu werden, statt einfach nur dahinzuwelken! Doch wie dem auch sei: Es gibt eine ganze Reihe von essbaren Blüten. Vom Botanischen her gehören sie sehr unterschiedlichen Familien und Arten an. Vom kulinarischen Standpunkt betrachtet, gibt es eine ganz andere und sehr einfache Einteilung in zwei Gruppen: Die Vertreter der ersten Gruppe sind einfach nur schön anzusehen und schmecken relativ neutral. Wir dekorieren damit unsere Gerichte. Wie gesagt: Das Auge isst bekanntlich mit. Zu dieser Gruppe gehören Fleißiges Lieschen, Malven, die Blütenblätter der Ringelblume und Fuchsien.

Das wäre sicher ein bisschen wenig, gäbe es da nicht die andere Gruppe. Ihre Blüten schmecken aromatisch, manche haben einen eigenen, unverwechselbaren Geschmack und dienen zugleich als optisches Sahnehäubchen und der Würze. Kapuzinerkresse, Phlox, essbare Taglilien, essbare Begonien, Lavendel und Rosenblüten gehören zu dieser Gruppe. Für Letztere gilt: Essbar sind alle, doch nur wenige duftende Sorten können ihr Aroma auch halten. Da muss man ein wenig experimentieren, bis man seinen persönlichen Favoriten gefunden hat. Meiner ist mein Betriebsgeheimnis. Ich sage nur so viel: Es ist eine Damaszenerrose, und sie taugt überhaupt nicht dafür, in der Vase zu stehen und vor sich hin zu duften, denn sie blüht nur einen Tag. Dann fallen die Blüten ab. Zur Rosenblüte mache ich also eine tägliche Runde durch die Rosenbeete und ernte. Die Blüten geben ihr Aroma Torten, Likör und sogar meinem speziellen Rosenketchup.

## Kapuzinerkresse

Sie sind fast so schön wie die Taglilienblüten und mindestens genauso schmackhaft, aber von der Konsistenz her zarter. Kapuzinerkresse hat Senföle in Blättern, Stengeln und Blüten. Und daher schmeckt sie gar nicht so sanft und mild wie sie aussieht, sondern scharf und ein bisschen pfeffrig. Der Kontrast ist so groß, dass jemand, der zum ersten Mal überhaupt eine Blüte kostet, unheimlich erstaunt sein wird. Kapuzinerkresse ist zudem sehr leicht zu kultivieren. Sie wächst sogar im Balkonkasten und kann dann den ganzen Sommer über bezupft werden. Im Garten berankt Kapuzinerkresse fix und frech Zäune und Lauben. Im Mai an Ort und Stelle mit etwa handbreitem Abstand aussäen. Sie mag besonders magere, gut durchlässige Böden.

## Dahlien

Wer sich erstmals mit Dahlien beschäftigt, dem geht ein ganzes Universum auf. Ein Universum an Farben und Formen, bevölkert von einer Spezies von Liebhabern, deren höchstes Ziel es ist, diesem Universum eine weitere Schönheit hinzuzufügen. Vom kulinarischen Standpunkt aus gesehen, waren die ersten Dahlienliebhaber die Azteken, auf deren Speiseplan die stärkehaltigen Knollen standen. Die Dahlie symbolisierte ihnen die Sonne. Hierzulande gehören Dahlien zu den typischen Bauerngartenblumen, und ihre Blüten gelangen immer häufiger auf den Teller. Auch bei mir. Ich zupfe dafür die Blütendolde auseinander und verwende die einzelnen Blütenblätter. Sie geben Salat wie auch Likör und Marmelade im Sommer eine besondere Note.

## Phlox

Bei ihm ist der botanische Name Phlox bekannter als sein deutscher: Flammenblumen. Er kam im 18. Jahrhundert von Amerika nach Europa und wurde seither als Zierpflanze kultiviert. Er blüht meist in Rot- und Rosatönen, doch auch weiß, lila und blau. Es gibt einjährige und mehrjährige Phloxe, – insgesamt inzwischen mehr als tausend Sorten. „Ein Garten ohne Phlox ist nicht nur ein großer Irrtum, sondern eine Versündigung gegen den Sommer", meinte der berühmte Staudenzüchter Karl Foerster. Und ich kann das nur unterstreichen – gerade auch als Koch. Ich weiß nicht, ob man alle tausend Sorten essen kann. Die in meinem Garten – hier abgebildet – schmeckt würzig frisch mit einer ganz eigenen Note. Man kann das schlecht beschreiben. Man muss es probieren!

# Elegant und stilvoll mit Taglilien

Auf vielen der hoffentlich appetitanregenden Fotografien mit den süßen und herzhaften Gerichten, die Sie in diesem Buch finden, leuchten Ihnen bunte Blüten entgegen. Häufig sind Lilienblüten dabei, die in einer Nahaufnahme auch die Außenhaut dieses Buches zieren. Die Gartenfreunde unter Ihnen werden jetzt aufschreien und sagen: Lilien – von wegen! Und sie haben recht. Ich verwende in meiner Küche vor allem die Blüten von Taglilien. Botanisch gesehen ist das ein großer Unterschied, denn Lilien und Taglilien haben nicht dieselbe „Kinderstube", auch wenn sie verwirrenderweise den gleichen Familiennamen tragen. Aber Namen sind ja bekanntlich Schall und Rauch: Lilien gehören zur Familie der Liliengewächse und Taglilien zur Familie der Grasbaumgewächse. Essen kann man fast alle Vertreter – egal aus welchem Haus. In China werden manche Lilien wegen ihrer stärkereichen Zwiebeln sogar als Lebensmittel angebaut. Bei mir wachsen jedoch vor allem Taglilien, die keine Zwiebeln, sondern Wurzeln haben. Sie blühen – wie ihr Name sagt – nur einen Tag. Und da sie einen ganz eigenen Geschmack – leicht nach Pfeffer – und frisch gepflückt eine wunderbare Konsistenz haben, zieren sie manch herzhaftes Gericht und manche kräftige Suppe oder blühen als Krönung auf einem knackigen Wildkräutersalat. Taglilien stellen an Boden und Gärtner keine großen Ansprüche. Sie blühen üppig bis in den späten Herbst hinein. In China übrigens ist das Trocknen der Taglilienknospen gebräuchlich, die dadurch haltbar gemacht werden und bei Bedarf vorgeweicht in Wok oder Suppentopf landen. Mir wäre das zu wenig. Denn auch wenn die Taglilienblüten geschmacklich viel Eigenes beizusteuern haben – auf ihren Beitrag als Augenweide möchte ich nicht verzichten.

## Alfons` Gartentipp:
### Taglilien

Sie sind leicht zu kultivieren und auch etwas für Gartenanfänger. Einmal gepflanzt, kommen sie jedes Jahr von selbst wieder – und mir scheint, jedes Jahr ein bisschen prachtvoller. Taglilien gedeihen auf allen Böden und unter allen Lichtverhältnissen. Alle zwei, drei Jahre teile ich im Frühling die Wurzelstöcke, damit die Pflanzen kräftig bleiben. Ich habe die Sorten so gewählt, dass ich die ganze Gartensaison über Blüten für meine Küche ernten kann. Im pivaten Garten jedoch reichen ein, zwei Sorten aus, damit Gerichte mit Taglilienblüten etwas Besonderes bleiben. Ich empfehle 'Sammy Russel'. Die schmeckt fantastisch..

## Malven

Zur Familie der Malvengewächse gehören neben verschiedensten Malvenarten auch der Hibiskus und die Stockrose. Während der Hibiskus hierzulande nur als Topfpflanze eine Chance hat, gehören Malven und Stockrosen durchaus zu den typischen Vertretern des Bauerngartens. Die Verwendung getrockneter Malvenblüten für Teemischungen ist nicht die einzige Möglichkeit, den seidenzarten Trichterchen in der Küche gerecht zu werden. Sie sind so grazil und farbschön, dass dies ihren recht neutralen Geschmack mehr als aufwiegt. Ich dekoriere mit ihnen vor allem Torten und Süßspeisen. Mein Liebling, den ich im Kübel ziehe, ist die Algiermalve (Foto unten). Doch auch Wilde Malve und Moschusmalve sind in der Küche willkommen.

## Stockrose

Die Stockrose wird manchmal auch einfach nur Malve genannt, denn das Wirrwarr in dieser Pflanzenfamilie ist beträchtlich. Sie gehört zu den Malvengewächsen und hat neutral schmeckende, aber form- und farbschöne Blüten, die man zum Dekorieren verwenden kann. Es sind – bis auf neuartige Hybridzüchtungen – zweijährige Pflanzen, die von Juli bis in den Herbst hinein in vielen Gelb- und Rottönen blühen. Das Schöne: Sie säen sich selbst aus. Man muss sich, wenn sie erstmal im Garten einen Platz haben, kaum noch kümmern. Das weniger Schöne: Stockrosen haben häufig mit dem Malvenrost zu kämpfen. Es hilft, gut zu düngen und zu gießen. Wenn der Rost zuschlägt, schmecken auch die Blüten nicht mehr.

## Veilchen

Der süße Duft und der ganz eigene Geschmack von Duftveilchen sind meine liebsten Frühlingsboten. Will man sie im Garten haben, braucht man Geduld. Mit den Jahren wachsen sie sich im Halbschatten zu großen Kissen aus. Bei mir haben sie sich nach dem Hausumbau rar gemacht. Daher tröste ich mich einstweilen mit den Hornveilchen. Sie stammen aus den Pyrenäen und sind mit unseren Stiefmütterchen verwandt, die man übrigens auch vernaschen kann. Hornveilchen sind zierlicher als Stiefmütterchen, aber ebenso neutral im Geschmack. Sie blühen länger als die Duftveilchen, die nur eine sehr kurze Saison haben. Hornveilchen sind mehrjährige Pflanzen, die sich selbstständig ausbreiten und gerne sonnig oder halbschattig stehen.

## Alfons' Warnung:
## Blühendes Gift im Garten

Dass bei Maiglöckchen und Herbstzeitlosen schon ein Blättchen verheerende Auswirkungen hat, haben wir im Zusammenhang mit dem Bärlauch schon besprochen. Doch auch viele andere Blütenpflanzen haben es in sich, und man sollte nur ausprobieren, was man sicher bestimmen kann und als ungiftig bekannt ist. Hier ein paar Beispiele. Ich habe das nicht selbst ausprobiert – Fachliteratur und Internet geben bereitwillig Auskunft. Demnach verursachen Blätter und Knollen des Alpenveilchens Krämpfe, Schwindel und Kreislaufstörungen. Samen und Hülsen des Blauregens führen zu Kreislaufbeschwerden und Verdauungsstörungen. Alle Teile von Christrose, Goldlack und Goldregen sind überaus giftig. Herzprobleme sind bei Ersteren die Folge, beim Goldregen kann es zu Lähmungen und Atemstillstand kommen. Die aparte Iris und der stolze Rittersporn verursachen Verdauungsstörungen, Rhododendren zu Erbrechen und Durchfall. Ja, sogar Kartoffeln können zu Durchfall und gar zur Atemlähmung führen, wenn man nicht die Knollen, sondern das verzehrt, was über der Erde wächst. Ähnlich ist es bei den grünen Teilen der Tomate und unreifen Früchten.

# Tipps fürs Blütensammeln

Wann sie geerntet wird, ist für eine essbare Blüte eine sehr entscheidende Frage. Bei den neutral schmeckenden Vertretern leidet im Zweifel nur die Optik; bei den anderen haben leicht welke oder verblüte Blumen auch noch entscheidend an Aroma verloren. Gepflückt werden sie also vorher, wenn sie am schönsten blühen.

Der Zeitpunkt des Pflückens richtet sich bei mir ein bisschen nach meinen Gästen, denn so frisch wie möglich heißt zum Beispiel bei Taglilien, Kapuzinerkresse oder Malven kurz vor dem Servieren. Rosen hingegen pflücke ich immer in den Morgenstunden nach dem Tau, und manche Taglilien öffnen sich erst am Nachmittag. Nun, Sie werden Ihre eigenen Erfahrungen machen. Allerdings sollte man – auch was Blütenpflanzen anbelangt – nicht zu experimentierfreudig sein, denn auch unter ihnen gibt es welche, die man nur einmal in seinem Leben isst (siehe Kasten links). Außerdem dürfte auf der Hand liegen, dass man nicht mit der chemischen Keule zuschlägt, wo man hinterher etwas für den Teller pflücken will. Was ich gegen Schädlinge unternehme, können Sie auf Seite 22 nachlesen.

## Indianernessel

Bei mir heißt sie Indianernessel, bei anderen Goldmelisse oder Scharlachmonarde. Die ganze Pflanze duftet nach Zitrone, und ihre Blüten haben ein kräftig fruchtiges Aroma. Sie passen zu Süßem oder über einen Obstsalat und machen sich gut in einer Teemischung mit fruchtiger Note, indem sie mit ihrer kräftigen roten Farbe gut zur Geltung kommen. Die Pflanze kommt ursprünglich aus feuchten Wäldern und Buschland im Osten Nordamerikas. Die Oswego-Indianer brühten aus frischen und getrockneten Blättern und Blüten Tee. Bei uns ist die Indianernessel in erster Linie als Zierpflanze bekannt. Sie blüht von Juni bis September, und auch ihre grünen Blätter können frisch oder gegart in Salat oder Wildkräuterspinat verwendet werden.

## Ringelblume

Auf dem Foto sind beide: Indianernessel und Ringelblume (oben). Im Gegensatz zur Ersteren schmeckt die Ringelblume neutral. Dafür hat sie innere Werte: Die getrockneten Blüten werden pharmazeutisch verwendet, – vor allem ihrer entzündungshemmenden Eigenschaften wegen. Ringelblumen werden in Form von Teeaufgüssen, wässrigen Auszügen, Tinkturen, Extrakten und Salben verabreicht. Auch bei mir wandern die ausgezupften Blütenblätter in den Tee, zieren aber auch Salate und Süßspeisen. Die Ringelblume wächst einjährig, manchmal auch zweijährig und ist metereologisch veranlagt: Sind ihre Blüten schon vor sieben Uhr geöffnet, bleibt es sonnig. Sind sie nach sieben noch geschlossen, wird es wohl regnen. Probieren Sie es aus!

## Kornblume

So bedeutungsgeladen die kleine, blaue Blume als Symbol auch ist: Sie schmeckt nach nichts. Mit der Mythenbildung um die jung verstorbene Königin Luise wurde sie zur „preußischen Blume". Ihre „preußischblauen" Blütenblättchen können manche Teemischung optisch bereichern, und auch auf einem Salat oder in Reis machen sie sich gut. Wenn man ihr bisher auch keine direkte Heilwirkung nachgewiesen hat, wird sie von der Volksheilkunde bei Entzündungen und Hautrötungen empfohlen. Für uns ist wichtig: Sie ist schön, geschmacksneutral und nicht giftig. Die römische Göttin der Ernte, Ceres, schmückte nicht zufällig eine Kornblume, wird sie doch vor allem am Rand von Getreidefeldern gefunden. Bienen mögen sie ihres süßen Nektars wegen.

## Rosige Aussichten mit Duftfaktor

Rosen lassen sich – wie andere aromatische Blüten auch, recht vielfältig verwenden: Sirup, Likör, Marmeladen, Gelees, Aromaöl, aromatisierter Zucker oder in Eiswürfel eingefrorene Blütenblätter sind nur ein paar Beispiele. Den Sirup beispielsweise kann man dann als geschmackliche Grundlage für Limonade, Torten oder Süßspeisen den entsprechenden Gerichten beifügen. Duftrosen haben besonders in den Ländern des Orients eine reiche Tradition, doch auch in meiner Küche zählen sie zu den absoluten Favoriten.

### Alfons` Gartentipp:
### Duftrosen

Mehr noch als andere Rosen sind die Duftrosen ein bisschen empfindlich und wollen mehr Zuwendung als andere Pflanzen. Ein sonniger Standort und ein humusreicher und lockerer Boden sind Voraussetzung für ihr Gedeihen. Kritisch wird es, wenn das Frühjahr sehr feucht ist. Dann lauert die Pilzgefahr. Ackerschachtelhalm kann dann vorbeugend wirken. Dazu sammle ich zwei Hände voll, brühe das Kraut auf, lasse es abkühlen, gieße den kalten „Tee" in den Zerstäuber und spritze abends damit einmal über. Außerdem freuen sich besonders die Rosen immer sehr über meinen Schnelldünger (Seite 24).

## Rosenblütensirup

Zutaten:

2 Handvoll Rosenblüten,
1 kg Zucker,
1 l Wasser,
1 Biozitrone

Blütenblätter von frisch erblühten Rosen auszupfen und verlesen. Wasser mit dem Zucker und der in Scheiben geschnittenen Zitrone erhitzen, bis der Zucker gelöst ist. Alles über die Blüten gießen und eine Woche ziehen lassen. Filtern, nochmal auf 75 bis 80 Grad erhitzen und abfüllen.

# Holunder

Schwarzer Holunder – was für eine wunderbare Pflanze! Im Frühling verströmen seine Blüten ihren intensiven, betörenden und unverwechselbaren Duft, ganz zu schweigen von ihrem herrlichen und einmaligen Geschmack! Im Herbst schenkt uns der Holunder seine Beeren, die voller gesunder Vitamine und Lebenskraft stecken. Kein Wunder, dass dem Holunder von jeher magische und Heil bringende Kräfte zugesagt wurden. Das Verdorren eines Strauches kündigte den Tod eines Familienmitglieds an. Einen Holunderbusch zu roden war größter Frevel. Denn er sollte auch vor schwarzer Magie und Hexen, vor Feuer und Blitzschlag schützen. Noch heute steht der Busch an vielen Hausscheunen und Stallecken, beherbergt die gut gelaunten Hausgeister und bringt Wohlstand. Na, zumindest kostet es kein Geld, nur etwas Zeit und Arbeit, um aus den Blüten Sekt oder Sirup herzustellen und gebackene Holunderblüten zum Nachtisch oder zum Kaffee zuzubereiten. Der Saft aus den Beeren – geerntet, wenn sie tiefschwarz sind – stärkt die Abwehrkräfte. Man kann den Saft pur trinken oder aus den Beeren Sirup, Wein oder Likör zubereiten. Wichtig dabei ist nur – wenn Sie den Saft kalt pressen –, dass Sie ihn immer einmal aufkochen lassen. Dabei wird das Sambunigrin zerstört, das ansonsten giftig ist und zu akuten Durchfällen führt.

## Gebackene Holunderblüten

Zutaten für vier Personen:

10 bis 12 Holunderdolden,
250 g Mehl,
4 mittelgroße Eier,
0,3 l Milch,
0,1 l Sekt oder Mineralwasser,
1 Prise Salz,
1 EL Vanillezucker (siehe Seite 65),
2 EL Sonnenblumen- oder Rapsöl,
Butterschmalz (Menge nach Größe des Topfes) zum Ausbacken

Man sollte mit zwei bis drei Holunderdolden pro Person rechnen. Die Dolden sollten frisch erblüht und nicht welk sein. Am besten am Vormittag pflücken, wenn der Tau abgetrocknet ist. Eier trennen und das Eiweiß beiseitestellen. Alle übrigen Zutaten zu einem Teig verrühren und diesen etwa eine halbe Stunde ruhen lassen. Wenn Sie sich für die Sektvariante entscheiden, dann geben Sie den Sekt erst nach der Ruhezeit hinzu, dann wird der Teig besonders fluffig.

Das Eiweiß zu Eischnee steif schlagen und vorsichtig unter die Teigmasse heben. Dann brauchen Sie das Butterschmalz oder – falls nicht zur Hand – Pflanzenöl zum Ausbacken. Sie geben das Fett in einen Topf und lassen es heiß werden. Nun die sauber verlesenen Holunderblütendolden in die Teigmasse tauchen, im heißen Fett goldgelb ausbacken und sofort mit Puderzucker bestäuben und servieren. Je nach Geschmack können Sie auch etwas Zimt oder einen Hauch frisch geriebener Muskatnuss darübergeben und die Blüten mit einer Kugel Eis oder frischem Obst servieren.

## Holunderblütencreme

Zutaten für vier Personen:

200 ml Holunderblütensirup,
500 g Quark, 40 % Fett,
400 ml Sahne,
6 Blatt Gelatine,
Abrieb von ½ Biozitrone,
2 EL Puderzucker oder
1 EL Honig

Die Gelatine in ein wenig kaltem Wasser einweichen. Die Sahne richtig schön steif schlagen. Den Quark mit dem Holunderblütensirup, dem Puderzucker oder Honig und der Zitronenschale zu einer cremigen Masse verrühren. Im Anschluss daran die steife Sahne unterheben. Die Gelatine gut ausdrücken. Eine Tasse voll Wasser-Holunderblütensirup-Mischung in einem Topf tun, die Gelatine hinzugeben und das Ganze langsam erwärmen, bis sich die Gelatine aufgelöst hat. Die Mischung nun schnell unter die Creme rühren und in Portionsgläschen oder in eine Schüssel füllen, abkühlen und abbinden lassen und kalt stellen.

## Holunderblütenwein

5 Holunderdolden,
5 l Wasser,
500 g Zucker,
5 Zitronen

Zucker im Wasser kochen, bis er sich löst. Saft der Zitronen und die Holunderdolden in den Topf tun, abdecken und mindestens einen Tag ziehen lassen. Dann noch einmal erhitzen und in Flaschen abfüllen. Kühl, trocken und dunkel lagern – wie wär`s mit dem Keller?

### Gesund bleiben!
### Fliedertee & Co.

Im Norden heißt der Holunder auch Flieder. Fliedertee – traditionell angewendet bei einer angehenden Erkältung – ist also nicht Tee aus Flieder, sondern aus Holunderblüten. Er wirkt schweißtreibend. Dieser Tee, aber auch Holundersaft und Tee aus der Rinde sind erprobte Hausmittel gegen Erkältung, Nieren- und Blasenleiden sowie zur Stärkung von Herz und Kreislauf. In Holunderbeeren stecken 180 Milligramm Vitamin C je Kilo, Vitamin B und andere gute Sachen wie Anthocyan, das für die Farbe zuständig ist und als Antioxidans die Zellmembranen vor Veränderungen durch freie Radikale schützt und zudem Schmerzen lindern und Fieber senken soll. Beerenrezepte auf Seite 82.

## Kokoscreme mit Lavendelblüten

100 g Zucker,
200 ml Kokosmilch,
200 ml Milch,
1 Prise Vanillemark,
1 Prise Salz,
2 Eigelb,
2 Eier,
1 EL Lavendelblüten

Den Backofen auf 165 Grad vorheizen. Ein tiefes Backblech oder eine Auflaufform mit Küchenpapier auslegen und auf die unterste Schiene schieben. Dort hinein kochendes Wasser füllen, sodass es etwa zwei Zentimeter hoch steht.

Die Hälfte des Zuckers in einem Topf bei mittlerer Hitze karamellisieren. Nicht zu dunkel werden lassen! Den karamellisierten Zucker in vier Soufflé-Förmchen verteilen und auskühlen lassen. Den restlichen Zucker, Milch, Kokosmilch, Vanillemark, Lavendelblüten und Salz in einem Topf aufkochen und zwanzig Minuten ziehen lassen. Alles noch einmal erhitzen und die Lavendelblüten durch ein Sieb abgießen.

Eier und Eigelb in ein hohes Rührgefäß geben und das heiße Milchgemisch dazugießen und mit dem Pürierstab untermischen. Die Eier-Milch-Mischung auf dem Karamell verteilen und die Förmchen in das vorbereitete Wasserbad in den Backofen stellen. Für 30 Minuten stocken lassen. Die Förmchen aus dem Wasserbad nehmen und auskühlen lassen.

Zum Servieren mit einem Messer den Rand lösen und zum Anrichten auf ein Dessertteller stürzen. Mit Lavendelblüten und einem Zitronenmelissenblatt garnieren.

### Alfons` Gute-Laune-Tipp:
## Die süße Mühle

Nicht nur Pfeffer lässt sich in einer Mühle mahlen. Ich kann Ihnen nur empfehlen, sich eine „Süße Mühle" anzuschaffen. In diese Mühle füllen Sie eine Mischung aus:

250 g Hagelzucker,
25 g Stangenzimt, geschrotet,
25 g Ingwerschrot,
25 g Korianderkörner,
25 g Fenchelsamen,
10 g Vanillepulver

Damit können Sie bei Bedarf frisch mahlen und Obstsalat, Fruchtkompott, Pudding oder heiße Schokolade abrunden.

## Süße Kräutercreme

250 g Mascarpone,
250 g Quark,
1 EL Thymiansirup,
Orangensaft,
frische Kräuter

Alles miteinander verrühren und so viel Orangensaft dazu geben, dass eine feste, aber cremige Masse entsteht. Nun schmecken Sie am besten mit einer Gewürzmischung aus der „Süßen Mühle" ab, je nachdem wie süß Sie es möchten. Geben Sie nach Belieben und Verfügbarkeit frische, fein gehackte Kräuter hinzu. Wunderbar passen besispielsweise Süßdolde, Pfefferminze oder Zitronenmelisse. Mit frischem Obst dekorieren.

# Vanillezucker, selbst gemacht

Vanille ist ein wunderbares Gewürz, und das nicht nur für Süßes! Auch hier gilt: Nur Mut zum Experimentieren! Doch hier soll es zunächst um Süßes gehen, denn Vanillezucker lässt sich selbst herstellen und schmeckt auf diese Art tausendmal besser als Vanillinzucker, der nur mit künstlichem Aroma hergestellt wird, und ist viel billiger als echter, abgepackt in kleinen Tüten. Von Ihrem selbst gemachten Vanillezucker dürfen Sie getrost einen Löffel mehr nehmen und lassen dafür – wenn Sie nach Rezept kochen – etwas vom „normalen" Zucker weg.

Suchen Sie sich ein Schraubglas, in das ein Kilo Zucker hineinpasst. Geben Sie eine Tüte Zucker hinein und eine schöne Vanilleschote mit dazu. Gut verschlossen lassen Sie das Glas etwa 14 Tage stehen und schütteln es in dieser Zeit einmal am Tag durch – je öfter, dets besser. Ist das Glas halb leer, füllen Sie es wieder mit Zucker auf. Jetzt brauchen Sie keine 14 Tage mehr zu warten.

Wenn Sie Milchreis kochen und ein Stück Vanilleschote beigeben, können Sie diese hinterher gründlich abwaschen und wiederverwenden – zum Beispiel in Ihrem Vanillezuckerglas.

## Augenweiden

Eine Torte wurde früher nur zu Festtagen aufgetischt. Sie war immer etwas Besonderes. Man bestellte sie beim Bäcker, weil sie viel Arbeit macht und man sich sicher sein konnte, dass der Fachmann sein Handwerk versteht und man seinen Gästen etwas garantiert Leckeres anbieten kann und vielleicht auch etwas, das man nicht überall bekommt. Im Zeitalter der industriellen Fertigung von Backwaren gehen die meisten zum Discounter ans Tiefkühlfach: aussuchen, auftauen, fertig. Und war`s doch ein bisschen spät mit dem Auftauen, ist es eben `ne Eistorte. Ich finde das schade. Es hat so etwas Beliebiges. In der bayerischen Kühltruhe liegt das gleiche wie in der auf Rügen. Und womit die Creme gemacht ist, ob da wirklich Sahne dran ist oder nur Milchersatzstoffe, weil dann ein bisschen mehr daran verdient werden kann – wissen wir das so genau? Machen Sie sich mal wieder die Mühe und backen selbst ein gutes Stück zu einem schönen Anlass. Zur Not können Sie ja den Tortenboden kaufen und erst mal mit der Creme anfangen. Mit dem Grundrezpt, das ich Ihnen anbiete, können Sie alle möglichen Tortenvariationen ausprobieren: Holunder, Schwarze Johannisbeere, Rosentorte oder Schoko. Der optische Clou sind sicher Blüten und Früchte: Malven, essbare Begonien und Rosen, kombiniert mit Himbeeren oder Heidelbeeren – ausprobieren!

## Grundrezept für die Blütentorten

**Für den Biskuitboden:**

2 EL Vanillezucker (siehe S. 65),
3 mittelgroße Eier,
180 g Butter,
180 g Zucker,
5 EL Milch,
125 g Mehl,
100 g Stärke,
1 Päckchen Backpulver

Vanillezucker und Zucker mischen und zusammen mit den Eiern, der Butter und der Milch schaumig schlagen. Mehl, Stärke und Backpulver mischen, nach und nach unterrühren.
Bei 160 Grad Heißluft, etwa 20 Minuten backen, abkühlen lassen und in drei Schichten teilen.

**Für die Creme:**

200 ml Holunderblütensirup,
20 g Zucker,
6 Blatt Gelatine,
3 x 250 g Sahne,
3 x 250 g Becher Quark, 40 %

Holunderblütensirup mit dem Zucker mischen. Die Gelatine nach Packungsanleitung in Wasser einweichen, ausdrücken und zum Holunderblütensirup hinzugeben. Langsam erwärmen, bis die Gelatine sich löst. Etwas abkühlen lassen. Die Sahne steif schlagen. Die Sahne steif schlagen. Den Quark mit der Holunder-Gelatine-Mischung verrühren. Die Sahne zügig unterheben.

Etwa die Hälfte der Creme auf den ersten und zweiten Boden streichen. Den Rest auf dem obersten Bodendrittel und an den Seiten verteilen und die Cremspritze zum Garnieren füllen. Jetzt kann nach Belieben mit Blüten und Beeren garniert werden.
 Für die Schokovariation geben Sie der Creme drei gehäufte Esslöffel Kakao bei – je nachdem wie dunkel sie werden soll. Für die Johannisbeertorte verwende ich zusätzlich etwas Tortenguss. Die Seiten der Rosentorte (mit Rosenblütensirup zubereitet) sind mit frischen Rosenblättern garniert, die Holunderblütentorte mit gerösteten Mandeln.

### Gesund bleiben!
### Agar-Agar

Wenn Sie Bedenken haben, Gelatine zu verwenden oder Vegetarier sind, können Sie Agar-Agar verwenden, das aus Algen hergestellt wird, geschmacksneutral und unverdaulich ist – also zu den Ballaststoffen gerechnet wird. Sechs Blatt Gelatine entsprechen etwa einem gestrichenen Dreiviertelteelöffel (3 g) Agar-Agar, das immer für ein, zwei Minuten aufgekocht werden muss, um seine Gelierkraft zu entfalten.

# Köstlichkeiten aus dem Holzbackofen

Ein Backtag bei Breiers beginnt früh. Eigentlich schon am Tag vor dem Backen. Da mahle ich nämlich das Mehl, und das braucht etwas Zeit. Aber es ist frischer als das Mehl, das man zu kaufen bekommt, und ich bin mir sicher, dass es wirklich Vollkornmehl ist. Denn alles, was ich oben in die Mühle tue – Getreidekörner eben –, kommt unten wieder fein gemahlen heraus. Da wird nichts entzogen, um die Haltbarkeit des Mehls bis ins nächste Jahrtausend zu verlängern, und meines Erachtens schmeckt man das meinem Brot auch an.

Mehl mit einem sogenannten „hohen Ausmahlungsgrad" ist dunkel und vitamin- und mineralstoffreicher, weil es mehr Kleie (Schalenanteile) hat. Mehl mit niedrigem Ausmahlungsgrad ist hingegen hell und reich an Stärke. Es gibt Weizen-, Dinkel-, Roggen-, Hafer-, Gerste-, Hirse-, Mais- und Reismehl. Zum Backen von Brot sind aber nur Weizen, Dinkel und Emmer – das sind die Vorfahren des Weizens – und Roggen geeignet. Aus letzterem wird der Sauerteig hergestellt. Den habe ich schon ein paar Tage voher angesetzt. Man kann ihn abr auch bei einem Bäcker bekommen.

Am Backtag heize ich so gegen halb fünf den Holzbackofen an. Denn hinter der gleichen Luke, hinter der zuerst das Holz verbrennt und den Ofen auf Backtemperatur bringt, wird später das Brot gebacken. Der Holzbackofen ist ein tolles Gerät, aber jeder reagiert ein bisschen anders und will persönlich angesprochen werden. Die richtige Backtemperatur zu treffen, ist die Kunst, von der jeder, der einen hat, sicherlich ein Lied zu singen weiß. Nachdem das Holz durchgebrannt ist, muss der Ofen meist noch ein bisschen abkühlen, damit das Brot nicht verbrennt.

In dieser Zeit knete ich den Teig zurecht und bereite meist gleich noch ein paar Blechkuchen vor. Denn um die Ofenhitze richtig auszunutzen, backe ich nach dem Brot meist gleich noch Kuchen. Die Rezepte dafür bekommen Sie auf den nächsten Seiten.

Man kann aber auch ganz andere Sachen in einem Holzbackofen zubereiten, zum Beispiel eine schöne Martinsgans oder eine knusprige Ente. Wussten Sie, dass die Geflügelzucht im Oderbruch um 1900 eine riesige Konjunktur hatte? Besonders vor Weihnachten wurden hier Tausende aus dem Osten importierte Magergänse für Berlin gemästet. Im Zuge dessen wurden im großen Stil Schienenstränge gelegt, Bahnhöfe und sogar Elektrizitätswerke gebaut. In Neutrebbin standen sogar zwei davon, denn Gänse fressen nur, wenn es hell ist. Und so wurden sie eben schön beleuchtet. „Neutrebbin – klein Berlin" hieß es damals. Heute zeugt davon nur noch die „Ente" in Neutrebbin, eine Geflügelschlachterei. Und ein paar Geflügelhalter gibt es auch noch, die mehr oder weniger für den Privatbedarf züchten. Fragen Sie nach, wo sie ein paar Gänse hinterm Haus sehen! Vielleicht werden Sie in den „Familienkreis" des Halters aufgenommen und bekommen zu Weihnachten eine ab. Das Rezept dafür habe ich schon mal für Sie notiert …

*Mein Roggenmischbrot backe ich mit frisch gemahlenem Mehl. In ihm steckt die volle Kraft der ganzen Körner, und das schmeckt man. Die Mühe lohnt!*

Statt einer Kräutermischung können Sie auch Rosenblüten – wie in diesem Fall –, Sonnenblumenkerne oder Zwiebeln in den Brotteig mischen. Oder Sie verwenden statt einer Mischung ein einzelnes Kraut wie Rosmarin oder Basilikum, das dem Brot eine Richtung gibt.

## Gesund bleiben!
### Frisch mahlen

Wenn es geht, sollten Sie immer ganze Körner kaufen und sie frisch mahlen oder in einem Laden mahlen lassen und innerhalb von drei Wochen verarbeiten. Denn wenn Sie sich schon die Mühe machen und das Brot selbst backen, sollten Sie auch nur die allerbesten Zutaten verwenden. Und frisch gemahlenes Mehl gehört meines Erachtens unbedingt dazu. Stellen Sie sich ein Stück Eisen vor. Frisch aus dem Werk hat es eine schöne, bläuliche Farbe. Wenn es dann ein paar Tage der Witterung ausgesetzt ist, fängt es an zu oxidieren. Es verändert sein Aussehen und setzt Rost an. Ähnlich verhält es sich mit gemahlenem Getreide, nur dass man es nicht sieht. Nach zwei, drei Wochen sind alle wertvollen Bestandteile wie Vitamine und Mineralstoffe weitgehend passé. Aber manchmal hat man keine Zeit – na, dann muss man Mehl kaufen. Dabei sollte man auf die Mehltype achten. Sie gibt den Gehalt an Mineralstoffen in Milligramm je 100 Gramm Trockenmasse an. Das 405er Weizenmehl kommt mir schon lange nicht mehr in die Tüte. Für Kuchen ist das 550er Weizenmehl besser, da ist laut Din-Norm wenigstens noch ein bisschen drin. Aber mit frisch gemahlenem Mehl kann nichts mithalten – und ich finde, das schmeckt man auch.

## Rezept für sieben Roggenmischbrote

Eigenes Brot ist etwas Besonderes. Dies hier ist mein Brotrezept für Holzbackofenbesitzer: Sie sehen es an den Mengenangaben. Es werden etwa sieben Brote – je nachdem, wie groß Sie sie machen. Wer keinen Holzbackofen hat, probiert es besser mit den Rezepten auf der nächsten Seite oder stellt eine feuerfeste Schüssel mit etwa einem Liter Wasser in den Ofen. Auf 230 oder 250 Grad vor – je nachdem wie hoch man ihn einstellen kann – vorheizen. Wenn Sie das Brot einschieben, dann backen Sie es für 15 bis 20 Minuten bei der hohen Temperatur und regeln danach auf 160 Grad herunter.

Für den Sauerteig:

125 g Roggenmehl (Typ 1150),
125 ml Wasser

Mehl und Wasser anrühren und an den beiden folgenden Tagen jeweils die gleiche Menge Mehl und Wasser hinzugeben. Bei Zimmertemperatur abgedeckt stehen lassen. Am dritten Tag sollte der Teig angenehm sauer riechen und ist einsatzbereit.

Für den Brotteig:

2 750 g Roggenmehl (Type 1150),
1 000 g Weizenmehl (Type 1600),
1 gehäufter EL Zucker, 70 g Salz,
50 g Gewürze (Alfons` Brotgewürz),
500 g Quark, 20 % Fettstufe,
1,5 bis 2 l Wasser

Am vierten Tag mischen wir Roggen- und Weizenmehl mit Zucker, Salz, Gewürzen, Quark und Wasser und kneten alles – zusammen mit dem Sauerteig – gut durch. Den Teig etwa 90 Minuten ruhen lassen, bis er sich fast verdoppelt hat. Dann noch einmal gut durchkneten und zwei bis drei Brotlaibe formen. Mit einem Tuch abdecken und nochmals gehen lassen. Haben die Brotlaibe nach etwa einer halben Stunde ihre Größe fast verdoppelt, kommen sie in den Ofen. Eine Backzeitangabe zu machen ist schwierig, weil es vom Ofen abhängt. Bei einem Laibgewicht von 750 Gramm würde ich 15 Minuten bei höchster Temperatur und etwa 35 Minuten bei 160 Grad backen. Wenn der Brotlaib fertig gebacken ist und Sie ihn von unten beklopfen, sollte es hohl klingen.

## Dinkelbrot

*Für den Teig:*

700 g Dinkel, frisch gemahlen,
100 g Sonnenblumenkerne,
40 g Hefe (1 Würfel),
2 TL Honig,
2 TL Salz,
1 Prise Piment, ¼ TL Koriander,
1/2 l Wasser

Alle Zutaten zu einem glatten Teig verkneten. Die Kastenform fetten oder mit Backpapier auslegen. Den Teig in die Form füllen und an einem warmen Ort für etwa eine halbe Stunde gehen lassen. Den Backofen auf höchster Stufe (230 oder 250 Grad) vorheizen. Für 15 Minuten backen, dann weitere 35 Minuten bei 180 Grad. Falls das Brot zu dunkel wird, mit Backpapier abdecken.

## Buchweizen-Dinkel-Brot

*Für den Teig:*

350 g Dinkel,
150 g Buchweizen,
300 ml Wasser,
50 g Quark,
40 g Hefe (1 Würfel),
15 g Salz,
40 g Essig,
90 g Sonnenblumenkerne,
90 g Leinsamen oder Kürbiskerne,
60 g Sesamsaat

*Zum Ausstreuen der Form und Bestreuen des Teigs:*
50 g Haferflocken

Dinkel und Buchweizen mahlen und alles zu einem glatten Teig verkneten. Eine Kastenform, ausreichend für etwa 1,5 Kilo Inhalt, fetten und mit den Haferflocken ausstreuen. Den Brotteig einfüllen und die restlichen Haferflocken darüberstreuen. Etwa eine Viertelstunde gehen lassen. In den kalten – das ist beim Buchweizen besser – Ofen schieben und bei 220 Grad für 50 bis 60 Minuten backen.

# Herzhafter Kräuter-Gemüse-Kuchen

Bei mir dürfen Sie jetzt wieder ganz kreativ sein! Dieses Rezept für einen herzhaften Kuchen können Sie wieder ganz nach Ihrem Belieben an Ihre persönlichen Geschmacksvorstellungen anpassen: Tauschen Sie den Lauch aus, zum Beispiel mit Zwiebeln und Speck. Wer Speck nicht mag – muss nicht sein. Probieren Sie eine Tomaten-Paprika-Mischung oder eine Zucchini-Möhren-Ananas-Kombination. Letztere ist allerdings auch mit Speck sehr lecker.

Zutaten für den Teig:

300g Mehl,
150 g Quark,
1 Ei,
5 EL Öl,
1 TL Salz,
1 TL Backpulver

Alle Zutaten zu einem geschmeidigen Teig verkneten und eine halbe Stunde ruhen lassen. Eine Springform ausfetten, den Teig darin gleichmäßg ausbreiten und rundum einen höheren Rand formen.

Zutaten für den Belag:

1,5 kg Lauch (oder das Gemüse Ihrer Wahl),
3 EL Butter,
Salz, Pfeffer,
4 Eier,
1 Bund Kresse,
1 Bund Rucola,
8 Stengel Knoblauchrauke,
6 Blätter Gundermann,
250 g saure Sahne oder
je 125 g saure Sahne und Schmand,
Muskatnuss, frisch gemahlen

Den Lauch – beziehungsweise das Gemüse Ihrer Wahl – putzen, waschen und klein schneiden. Alles in einer großen Pfanne mit Butter anbraten und mit Salz, Pfeffer und Muskatnuss kräftig abschmecken.

Wenn Sie Tomaten verwenden, dann sollten Sie nur das Fruchtfleisch ohne Haut und „Innereien" nehmen, damit sich nicht so viel Wasser bildet. Gegebenenfalls etwas Stärke zum Binden dazugeben.

Die fertige Belagmasse auf dem Teigboden verteilen. Aus Eiern und saurer Sahne, Salz, Pfeffer, Muskatnuss und den klein gehackten Kräutern eine Eiermasse herstellen. Den Backofen auf 190 Grad vorheizen. Die Ei-Kräuter-Masse über dem Lauch verteilen und das Ganze im Ofen für etwa 45 Minuten backen.

# Streuselkuchen mit Quark und Öl

Für den Grundteig:

250 g Quark, 40 % Fettanteil,
8 EL Milch,
10 EL Sonnenblumenöl,
2 Eier,
500 g Mehl,
1 Päckchen Backpulver,
100 g Zucker,
50 g hausgemachter Vanillezucker (siehe Seite 65) oder zur Not 1 Päckchen Vanilinzucker und 50 g Zucker mehr,
1 Prise Salz

Der Teig reicht für ein normales Backofenblech und kann nach Belieben mit Kirschen, Rhabarber, Äpfeln, Stachelbeeren – oder was der Garten sonst noch so hergibt – belegt werden.

Alle Zutaten in eine große Schüssel geben und per Hand zu einem glatten Teig verkneten. Das geht ruck, zuck, und bevor Sie eine Küchenmaschine herausgeholt, geschweige denn abgewaschen hätten, sind Sie schon lange fertig.

Den Teig gleichmäßig auf einem gefetteten Backblech verteilen, mit einer Gabel etwas einstechen, damit sich beim Backen keine Luftblasen bilden, und etwa 15 Minuten ruhen lassen. In der Zwischenzeit die Streusel vorbereiten.

Für die Streusel:

250 g Butter,
300 g Mehl,
100 g Zucker,
Vanillezucker,
1 Prise Salz,
60 g Kokosraspeln,
60 g gehobelte Mandelblättchen,
Abrieb von je 1/2 Biozitrone und Bioorange

Das Mehl für die Streusel fein sieben, mit den anderen Zutaten in eine Schüssel geben und kräftig durcharbeiten.

Den Ofen auf 160 Grad vorheizen. Das Obst auf dem Blech verteilen. Tipp: Wenn ich Schattenmorellen aus dem Glas verwende, nehme ich zwei Gläser und dicke den Saft mit einem Päckchen Vanillepuddingpulver an. Einmal kurz aufkochen, dann etwas abkühlen lassen, bevor Sie die Masse auf dem Teigboden verteilen. Wenn sie noch zu heiß ist, brüht der Teig gleich an und kann dann nicht mehr so schön aufgehen.

Zum Schluss die Streusel darübergeben und den Kuchen für 45 bis 55 Minuten bei 160 Grad Umluft in den Ofen schieben. Übrigens können Sie den erkalteten Kuchen gut einfrieren und wieder aufbacken!

# Oderbruchgeflügel nach Alfons' Art

*Zutaten Gewürzmischung:*

1 EL Currypulver,
1 EL Thymian fein gerebelt,
1 EL Kräuter der Provence,
1 EL Paprika, edelsüß,
2 EL Beifußknospen,
1 TL Knoblauchpulver,
1/2 TL Kümmel, fein gemahle[n]
1 TL Pfeffer, schwarz

1 Ente oder Gans,
Wasser,
Gemüsebrühe,
1 süße Orange

Sie haben also eine frisch[e] oder Ente aus dem Od[erbruch] bekommen? Prima! Wen[n ...] müssen Sie eine tiefgefror[ene ...] men. Aber bitte zwei Tag[e ...] der Braten auf den Tisch [...] tauen. Stellen Sie eine Ge[würzmi]schung zusammen. Ich v[errate Ih]nen meine, und – auch [wenn Sie] sich vielleicht wundern – [funk]tioniert! Die Zutaten da[zu finden] sie oben in der Spalte. [Alles] vermengen, in ein Dös[chen fül]ren und beschriften: „[Enten] und Gänse".

Zum Braten: Die [Ente oder] Gans gut waschen un[d in]nen nachschauen, ob [noch die Le]ber ist – manchmal st[eckt auch] der Schlund drin. Dann legen Sie ihren Vogel in einen Eimer und geben so viel kaltes Wasser darüber, bis er gut bedeckt ist. Ich lege immer noch eine geviertelte Zwiebel und einen Zweig Thymian aus dem Garten mit hinein. Gegebenenfalls den Vogel mit einem Topfdeckel beschweren, damit er ganz im Wasser ist, und dann etwa eine Stunde wässern. Herausnehmen, gut ablaufen lassen und mit Küchenpapier trocken tupfen.

Jetzt wird der Braten von innen [und außen ge]salzen und [... die Gewürzmi]schung [...] [...]so, [...]sst. [...] dem [...] Bra[...] [...]er- [...] und [...hal]ter, le[...] [...] den Deckel darauf. So wandert er für zwei Stunden in den auf 120 Grad vorgeheizten Ofen. Danach wird der Deckel entfernt und die Temperatur auf 180 Grad erhöht. So bekommt unser Vögelchen eine schöne Farbe. Sie sollten ihn in der folgenden halben Stunde alle fünf Minuten mit dem Bratensud übergießen. Wenn nicht mehr genug vorhanden ist, müssen Sie mit Gemüsebrühe auffüllen. Für den ersten und zweiten Aufguss darf es auch auch ein frisch gepressten Orangensaft von einer süßen Orange sein.

Im Oderbruch reichen wir dazu Kartoffeln und Rotkohl. Sie können den Braten aber auch mit Kartoffelklößen, Pastinaken oder Topinambur kombinieren.

# Den Sommer für den Winter bewahren

Wenn die Gartensaison ihrem Ende entgegengeht, kommen wir in der Küche nochmal ordentlich ins Schwitzen. Denn zur Erntezeit legen sich Bäume und Sträucher noch mal richtig ins Zeug. Und zugegeben, ein bisschen Torschlusspanik überkommt dann den Kräuterkoch, der weiß, dass es in ein paar Wochen eng wird mit frischem Grün, geschweige denn mit fröhlich leuchtenden Blüten oder einem frischen Blattsalat. Jetzt heißt es bevorraten. Viel Arbeit, die sich jedoch lohnt. Wenn draußen dann der erste Schnee fällt, und dann der zweite und der dritte, sitzen wir in der warmen Stube, vor uns eine Kanne frisch gebrühten Kräutertee, und wir denken an die viele Arbeit im Sommer, und dass der Winter eigentlich auch ganz schön ist und man nicht mal mehr Rasen mähen muss. Dann gehen wir noch eine Runde Schnee schieben und machen uns ein Brot mit selbst gekochter Marmelade ...

Nun wäre es sicher müßig, ein ganzes Buchkapitel über Marmeladekochen und Teekräutertrocknen schreiben zu wollen. Mit so etwas fängt man an und merkt: „So schwer ist es ja gar nicht!" Aber wenn man erst mal auf den Dreh gekommen ist, möchte man bald auch eigene Kreationen ausprobieren. Ich möchte Ihnen dafür ein bisschen Handwerkszeug und ein paar Rezeptideen mitgeben, die Sie dann gerne abwandeln und auf Ihre persönlichen Geschmacksnerven abstimmen können.

Meine mögen es gerne süß-sauer. Darum bin ich so verliebt in Relishes – noch nichts davon gehört? Einmal umblättern bitte! Aber stopp, jetzt noch nicht! Neben dem Plädoyer für die kräftig-würzigen Soßen aus Gemüse und Früchten möchte ich das für die wilden Gesellen vom Anfang des Buches noch mal aufnehmen. Hier soll es nun aber nicht um wilde Kräuter gehen, sondern um wilde Beeren. Man kann mehr essen, als die meisten Menschen für möglich halten! Das hat sicher noch mit den Mütterwarnungen aus der Kinderzeit zu tun: „Nicht anfassen! Das ist giftig!" Dabei müssen manche Wildbeeren einfach nur ein bisschen gesonderte Zuwendung bekommen, gefrostet oder gekocht werden, damit sie für uns Menschen genießbar sind. Doch gerade auch bei den Beeren sind es meines Erachtens die wilden, ungezüchteten Arten, die uns Besonderes zu bieten haben. So eine kernlose, zuckersüße Weintraube – was ist da wohl noch an wertvollen Vitalstoffen enthalten? Ich bin kein Chemiker, ich bin nur Koch, aber ich denke, mit dem Wildobst, das kann nicht ganz verkehrt sein: Holunder, Schlehen, Vogelbeeren – machen Sie was draus!

Doch auch zu unseren Traumpärchen in der Küche, Essig & Öl und Salz & Pfeffer, gibt es einiges zu sagen. Ich verrate Ihnen, worauf man bei der Herstellung von Kräuteröl und -essig achten muss und wie aus unserem Alltagssalz ein aromareiches Gewürz wird. Außerdem möchte ich mit Ihnen einen Ausflug dahin machen, wo der Pfeffer wächst.

*Die Brombeeren sind bald reif! Jetzt herrscht in der Küche noch mal Hochbetrieb: Nicht alle Früchte wollen nur so nebenbei vernascht werden ...*

## Johannisbeer-Relish

## Zwiebel-Thymian-Relish

*Zutaten für etwa fünf kleine Gläser:*

1 kg Johannisbeeren,
500 g Gelierzucker 1:1,
200 ml weißer Balsamico-Essig
1 TL Cayennepfeffer,
1/2 TL Piment gemahlen,
1/4 TL Zimt gemahlen,
50 ml Zitronensaft,
Abrieb von 1/2 Zitronenschale
1/2 TL Salz

*Zutaten für etwa zehn bis zwölf Gläser:*

2 kg Zwiebeln,
750 ml weißer Balsamico-Essig,
8 schwarze Pfefferkörner,
3 Lorbeerblätter,
800 g Gelierzucker 1:1,
2 EL frische Thymianblätter,
4-5 frische Thymianzweige, jeder etwa 4 cm lang,
1 TL Salz

Zwiebeln schälen, halbieren und in Scheiben schneiden. Lorbeerblätter und Pfefferkörner in ein Säckchen geben. Die Zwiebeln mit dem Essig und eingehängtem Gewürzsäckchen in einem Topf erhitzen und bei kleiner Flamme 45 bis 50 Minuten kochen. Zucker, Thymian und das Salz zugeben und ständig rühren, bis sich der Zucker aufgelöst hat. Das Kräutersäckchen entfernen, Thymianzweige einlegen und alles ein paar Minuten kochen. Sofort in vorbereitete Gläser abfüllen.

Statt der Johannisbeeren – wahlweise rot oder schwarz – können Sie auch Heidelbeeren verwenden. Die Zubereitung erfolgt bei beiden wie beim Zwiebel-Thymian-Relish, nur ohne das Kräutersäckchen.

# Tomaten-Birnen-Relish

*Zutaten für etwa sechs kleine Gläser:*

300 g Zwiebeln,
200 g Birnen,
300 g Tomaten,
2 Knoblauchzehen,
¼ l weißer Balsamico-Essig (5 %),
1 EL Salz,
1/2 TL Pfeffer,
1/2 TL Kurkuma,
1/2 TL Piment,
500 g Gelierzucker 1:3

Relishes – Einzahl: das Relish – sind eine fantastische Erfindung für alle, die es süßsauer lieben. Die Soßen aus Obst und Gemüse kommen aus dem indischen Raum, haben einen englischen Namen – Relish heißt nichts anderes als Würze – und werden gern als Dipp gereicht. Mittlerweile sind sie auch bei uns eine beliebte Zugabe zu Grillfleisch, aber auch zu Käse, Fisch und Wild.

Für das Tomaten-Birnen-Relish brauchen wir außer diesen beiden Zutaten auch noch Zwiebeln – schälen und klein schneiden. Die Birnen schälen, entkernen und in kleine Würfel schneiden. Tomaten enthäuten, vierteln und den Stielansatz herausschneiden. Knoblauchzehen schälen und sehr fein würfeln. Alles zusammen mit Essig, Salz, Gewürzen und Gelierzucker in einen Topf geben, etwa drei Minuten kochen lassen, abschmecken und heiß in vorbereitete Gläser füllen. Ich nehme Twist-off-Gläser, die ich gleich nach dem Verschließen für fünf Minuten auf den Kopf stelle.

# Himbeerketchup

*Es muss nicht immer Tomatenketchup sein. Der hier ist auch sehr lecker! Statt der Himbeeren können Sie ihn wahlweise auch mit Brombeeren zubereiten.*

*Zutaten:*

1 kg Himbeeren,
1 kg Gelierzucker 1:1,
¼ l weißer Balsamico-Essig (5 %),
1 EL gemahlener Zimt,
1 TL gemahlene Nelken,
1 TL gemahlener Pfeffer.

*Himbeeren – oder eben die Brombeeren – fein verlesen und waschen. Zusammen mit den anderen Zutaten in einen Topf geben und gut fünf Minuten kochen. Abschmecken und ab in die Gläser – wie bei den Relishes.*

*Quitten*

*Brombeeren*

*Sauerkirschen*

# Pfefferkirschen

*Zutaten für sechs bis sieben kleine Gläser:*

1 kg Zwiebeln,
1 kg Gelierzucker 1:1,
2 EL grüner Pfeffer
(in Salzlake eingelegt),
1 Prise Piment

Kirschen sorgfältig verlesen, waschen, abtropfen lassen und entsteinen. Zusammen mit Zucker, Piment und den Pfefferkörnern – die Salzlake bitte vorher abgießen – aufkochen, drei Minuten köcheln lassen und in die vorbereiteten Gläser abfüllen.

# Schlehengelee

*Zutaten für etwa 15 kleine Gläser:*

1 kg Schlehen,
1 kg Quitten,
etwa 2 kg Gelierzucker 1:1,
1/4 TL Zimt,
1 Stück Vanilleschote,
1 Zitrone

Schlehen sind auch so ein Wunder der Natur. Im Frühling zeigen sie sich uns ganz in Weiß, eingehüllt in einen Blütentraum, im Spätherbst schenken sie uns ihre dunkelblauen, fast schwarzen Beeren. Mussten Generationen vor uns noch brav abwarten, bis der Frost einmal über die Schlehen gegangen war, können wir sie heute pflücken, wenn es uns in den Terminkalender passt, und legen sie dann für einen Tag und eine Nacht in den Tiefkühler.

Für unser Schlehengelee waschen wir die Beeren und die Äpfel, vierteln Letztere und schneiden die Gehäuse heraus. Beeren und Apfelstücke werden zusammen mit dem Wasser, dem Saft der gepressten Zitrone und den Gewürzen in einen Topf gegeben. Alles wird aufgekocht und eine halbe Stunde bei kleiner Flamme gegart. Passieren und den Saft mit der gleichen Menge Zucker zu Gelee verarbeiten und in vorbereitete Gläser abfüllen.

# Alfons' Pflaumenmus

Zutaten für etwa sechs Gläser:

1 kg reife Bauernpflaumen,
650 g Zucker,
100 g Walnusskerne,
1 Prise Zimt,
etwas Vanillemark,
1 Prise Piment, gemahlen

Für mein Pflaumenmus verwende ich immer sehr reife Früchte. Der Fruchtzuckergehalt ist bei ihnen höher, und ich brauche weniger Kristallzucker. Die Pflaumen waschen, entkernen und halbieren. Mit Zucker, Walnusskernen und Gewürzen gut vermengen und in eine große, hohe Schmorpfanne geben. Ohne Deckel für eine halbe Stunde bei 160 Grad in den Backofen stellen. Dann die Temperatur auf 120 Grad zurücknehmen. Ab und zu umrühren und zirka eine Stunde weiterschmoren lassen. Wenn Ihnen Süße und Konsistenz gefallen, das Pflaumenmus in vorbereitete Gläser abfüllen. Dabei sollte die Temperatur nicht unter 75 Grad sinken. Die Gläser schnell verschließen und für etwa fünf Minuten auf den Kopf stellen.

### Gesund bleiben!
## Zucker

Zu viel Zucker ist ungesund. Klar. Aber ohne Zucker ist bei Marmelade und Co. wenig auszurichten. Und dann gibt es noch die Entscheidung zwischen Gelierzucker und Einmachzucker. Ersterer enthält Pektin, gehärtetes Palmöl, Zitronen- oder Weinsäure und zum Teil – außer Gelierzucker einszu eins – auch Konservierungsstoffe. Beim Einmachzucker ist nur die Kristallstruktur verändert, sodass er langsamer schmilzt und Mus oder Marmelade nicht so schnell anbrennen. Dafür geht das Einmachen mit Gelierzucker schneller. Ich denke mir, wenn man sich nicht gleich das halbe Marmeladenglas auf die Stulle tut, gibt es wohl größere Ernährungssünden als Gelierzucker.

# Gelierprobe

Egal wie, am Ende müssen Mus und Marmelade eine schöne Konsistenz haben, sodass sie uns nicht von der Stulle rutschen. Man muss das von Fall zu Fall ausprobieren – auch, weil die Einkochzeit, also die Zeit bis zum Gelieren, mit vom Reifegrad der Früchte abhängt. Stellen Sie, wenn Sie meinen, dass es so weit ist, einen kleinen Teller drei Minuten in den Kühlschrank. Darauf geben Sie einen Klacks Marmelade. Geliert sie sofort, kann abgefüllt werden.

# Holunderbeersaft

Zutaten:

Holunderbeeren – so viele sie sammeln können und in Ihren größten Topf passen, etwa 300 g Zucker auf 1 l Saft

Holunder muss unbedingt gekocht werden, bevor er genossen wird. In den Samen der reifen Holunderbeeren steckt ein Pflanzengift: das Glycosid Sambunigrin. Die Auswirkungen sind von Mensch zu Mensch verschieden. Mit Durchfall wären sie noch gut bedient. Beim Kochen zerfällt dieses Glycosid. Bei Kaltpressung also trotzdem etwa fünf Minuten kochen! Ansonsten die Beeren waschen und von der Dolde pflücken – früher gab es eigens dafür einen Kamm – und mit ganz wenig Wasser etwa fünf Minuten kochen. Filtern, Zucker zugeben und im Saft lösen, nochmal fünf Minuten köcheln lassen und in vorbereitete Flaschen abfüllen.

# Holunderbeersirup

Wie den Saft zubereiten, nur nehmen Sie statt der 300 Gramm Zucker je Liter Saft ein Kilogramm Zucker auf einen Liter Saft. Sie können den Sirup später mit Mineralwasser verdünnen und erhalten eine wohlschmeckende Holunderbeerbrause. Mit Schwarzen Johannisbeeren können Sie das auch ausprobieren.

## Vogelbeerlikör und Vogelbeermarmelade

*Vogelbeeren*

Vogelbeere, auch Eberesche genannt, ist nicht giftig, sondern sogar eine Heilpflanze. Sie soll dem Verdauungssystem und bei Erkältungen helfen: Dafür den frisch gepressten Saft mit Honig einnehmen. Aber Vorsicht, der ungekochte Saft ist sehr bitter. Aber Sie können auch Marmelade, Gelee, Tee oder einen Likör aus Vogelbeeren zaubern. Für einen leckeren Likör verlesen und waschen Sie die Beeren und füllen sie in ein weithalsiges Zwei-Liter-Glas, das zu drei Vierteln gefüllt sein sollte. 150 Gramm Zucker oder Honig dazugeben. Mit dreißigprozentigem Korn auffüllen, bis das Glas voll ist. Für drei Monate stehen lassen, abgießen, filtern und noch mal drei Wochen ruhen lassen. Köstlich! Für Vogelbeermarmelade kochen Sie die Beeren mit 300 ml Wasser auf, lassen sie abkühlen, bis sie handwarm sind, und streichen sie durch ein feines Sieb. Das entstandene Mark mit Gelierzucker zu Marmelade verarbeiten.

## Hagebuttenmark

*Schlehen*

Eine Erfindung der Schwaben und eine echte Vitamin-C-Bombe ist Hagebuttenmark. Dafür werden reife Hagebutten, die nach der Ernte ruhig noch eine Woche liegen können, von Stengeln und Blütenresten befreit, halbiert, entkernt und mit Wasser bedeckt drei Tage eingeweicht. Am besten sind dafür ein Steintopf oder eine Keramikschüssel geeignet. Ohne sie zu kochen werden die eingeweichten Früchte dann passiert. Für Konfitüre wird das Rohmark zusammen mit Zucker – etwa 500 bis 700 Gramm Zucker auf ein Kilo Rohmark – auf maximal 75 Grad erhitzt. Sofort pur in Gläser abfüllen oder mit anderen Früchten kombinieren oder mit Orangen- oder Apfelsaft verfeinern. Man kann es als Zutat zur späteren Verwendung auch einfrieren.

*Hagebutten*

### Gesund bleiben!
### Wildfrüchte

Ähnlich wie bei den Wildkräutern ist es auch bei den Wildfrüchten. Anders als ihre Kollegen im Supermarkt wurden sie nicht auf Süße, Haltbarkeit oder kernlose Schönheit gezüchtet. Dafür haben sie mehr innere Werte, sprich Vitalstoffe. Eine kernlose Traube ist vielleicht supersüß, aber was hat sie noch zu bieten als Zucker? Sie ist fortpflanzungsunfähig, also wohl nicht mehr so besonders vital. Meine Empfehlung auch hier: Zurück zur Natur, ran an die Wilden! Aber mit Bedacht. Sie wollen besonders behandelt werden. Holunder- und Vogelbeeren müssen vorm Verzehr gekocht werden, Schlehen wollen einmal richtig Frost haben – notfalls im Tiefkühler.

## Aromen des Sommers in Essig und Öl

Ein aromatisches Kräuteröl oder einen würzigen Kräuteressig herzustellen, ist recht einfach, wenn die Zutaten vor der Haustür wachsen. Sie sollten es ausprobieren, denn sie sind echte Bereicherungen für die Küche, gerade wenn sich die Welt draußen langsam entfärbt und sich mehr und mehr in Grau- und Weißtönen zeigt. Mit einfachsten Mitteln zaubern Sie mit Kräuteressig und -öl die verschiedensten Geschmacksrichtungen in die Winterküche. Außerdem sind beide schöne – und mit ein bisschen mehr Aufwand auch dekorative – Geschenke für Leute, die auch gern kochen und vielleicht keinen Garten haben.

Als Grundlage für meine Kräuteröle verwende ich kalt gepresstes Biosonnenblumenöl. Es ist reich an ungesättigten Fettsäuren und damit wertvoll für unsere Ernährung. Alle aromatischen Kräuter, die Sie frisch verwenden, können Sie auch für das Aromatisieren von Essig und Öl nehmen. Allerdings sollten die Kräuter für das Öl getrocknet oder zumindest angetrocknet werden. Der Pflanzensaft kollidiert sonst mit dem Öl, und das Ganze fängt im schlimmsten Fall an zu schimmeln. Sie können Öle mit nur einer geschmacklichen Richtung wie Basilikum-, Knoblauch-, Rosmarin- oder Salbeiöl herstellen oder mehrere Kräuter zusammenstellen. Die getrockneten Blüten können mit in die Flasche. Nach dem Beispiel des Beifußöls, das hier noch näher beschrieben wird, können Sie auch mit anderen Kräuterölen verfahren.

## Zum Beispiel Beifußöl

Vom Beifuß werden für diesen Zweck nur die Triebspitzen mit den Knospen verwendet. Sie sollten den Beifuß für das Öl also vor der Blüte ernten. Es ist nicht nur ein sehr aromatisches, sondern auch ein sehr gesundes Kräuteröl, denn die ätherischen Bestandteile und die Bitterstoffe des oft unterschätzten Küchenkrautes helfen uns bei der Verdauung.

Auf 0,7 Liter Öl gibt man drei getrocknete Triebspitzen Beifuß. Sie trocknen ihn also nach dem Pflücken an einer luftigen, aber schattigen Stelle. Für das Öl rebeln Sie die getrockneten Triebspitzen mit der Hand ab, geben sie in eine helle Glasflasche und gießen das Öl dazu. Die Flasche stellen Sie nun für drei Wochen an einen sonnigen Ort – im Zimmer oder, wenn es warm ist, vor die Tür. Während dieser Zeit sollte die Flasche mehrfach – am besten einmal am Tag – durchgeschüttelt werden. Nach drei Wochen abgießen, in eine dunkle Flasche umfüllen und kühl stellen – ein hervorragendes Salatöl!

## Kräuteressig

Für aromatisierten Essig können Sie die Kräuter frisch in die Flasche tun. Estragon und Basilikum verwende ich gerne, aber auch hier sollten Ihrer Fantasie keine Grenzen gesetzt sein. Ich verwende meist Bioapfelessig. Sein feines Apfelaroma passt wunderbar zu allen Salaten. Die Kräuter werden frisch und im Ganzen verwendet. Nehmen Sie am besten ein großes Schraubglas – zum Beispiel ein leeres Gurkenglas –, füllen die Kräuter – es können auch Schnittlauchblüten, Borretschblüten oder Kapuzinerkresseblüten dabei sein – ein und gießen den Essig darüber. Für eine 0,7-Liter-Flasche reichen drei bis vier Stengelchen Kräuter. Das Glas stellen Sie am besten zum Öl in die Sonne. Nach drei Wochen filtern Sie ab und stellen den fertigen Kräuteressig kühl.

## Wildkräutersenf

Zutaten für etwa 2 Gläschen:

60 g Senfkörner,
3 EL Weißwein,
4 EL Estragonessig,
1 EL Zucker,
1 TL Salz,
je 1 Prise Cayennepfeffer, Piment, Koriander und Curry,
ein wenig Kurkuma,
schwarzer Pfeffer aus der Mühle,
3 Blatt Bärlauch,
3 Blättchen Schafgarbe,
2 Herzblättchen vom Giersch,
1 Blatt Wiesensalbei,
2 Blättchen Gundermann

Um aus den Senfkörnern Senfpulver zu malen, habe ich eine alte Kaffeemühle umfunktioniert. Aber Sie können natürlich auch eine normale Haushaltsmühle verwenden oder Senfpulver kaufen. Das Senfpulver mit Wein, Essig und zwei bis drei Esslöffeln Wasser anrühren. Mit dem Schneebesen etwa fünf Minuten gut durchrühren, sodass eine cremige Masse entsteht. Mit den Gewürzen abschmecken und die fein gehackten Wildkräuter unterheben. Danach zwei bis drei Tage durchziehen lassen, bevor Sie ihn verwenden.

Wenn Felder gelb blühen und es für den Raps schon zu spät ist, könnte es wie hier Senf sein, der nach der Ernte als Bodendecker angebaut und später als Gründünger untergepflügt wird. Dieser Admiralsfalter findet das richtig gut so.

# Könnten Sie mir wohl bitte verraten …

Die meisten Menschen kennen in Sachen Pfeffer nur Schwarz und Weiß – na ja, und von rotem Pfeffer haben sie auch schon mal gehört. Andere haben in ihrer Pfeffermühle alle drei gemischt – womit wir beim „Vorspiel" wären: Pfeffer sollte immer – und die Betonung liegt auf „immer" – frisch gemahlen verwendet werden. Geben Sie für eine gute Pfeffermühle ruhig ein paar Euro mehr aus! Achten Sie beim Kauf darauf, dass man den Mahlgrad, also die Körnung, zwischen grob und fein leicht und unkompliziert einstellen kann. Das ist fürs Kochen viel wichtiger als Ausstattung mit einem „Scheinwerfer" oder einem Elektromotor. Außerdem kann man mit der Hand viel besser dosieren – mir jedenfalls geht es so. Doch zurück zum Pfeffer.

Es gibt eine ungeheure Vielfalt an Sorten und Aromen! Schauen Sie allein die Formen an (Foto Seite 87)! Manch Pfeffer ist rundlich, wie die meisten ihn kennen, aber es gibt auch längliche Formen – glatt oder geriffelt –, wenn ganze Schoten verwendet werden – oder Pfefferkörner mit Zipfelchen. Einige Sorten möchte ich Ihnen näher vorstellen, um Ihre Pfefferneugier zu wecken.

Mohrenpfeffer, auch als Selims Pfeffer bekannt, kommt aus Afrika und ist ein langer Pfeffer, den man sehr gut einzeln verwenden kann. Er hat ein sehr fruchtiges und frisches Aroma, kombiniert mit einer sehr milden Schärfe. Die Schoten werden in kleinere Stücke gebrochen und können dann in der Mühle weiterverarbeitet – sprich: frisch gemahlen – werden. Sein feines Aroma passt zu Filetsteak, Rinder-Carpaccio oder Fischfilet. Dies gilt auch für die anderen Pfeffersorten, nur Aroma und Schärfe sind unterschiedlich. Da muss man mal seine persönlichen Vorlieben direkt an der Pfefferdose testen.

Auch Bengalischer Pfeffer hat eine längliche Form. Die Fruchtkörper sind jedoch etwas schuppiger und geriffelter als bei der vorangegangenen Sorte. Er hat auch einen schärferen und kräftigeren Geruch und Geschmack. Der Bengalische Pfeffer kommt einzeln sehr gut zur Wirkung, kann aber auch in Mischungen verwendet werden.

Der Kubebenpfeffer ist der mit den kleinen Zipfeln und wächst auf den Inseln um Java. Er ist fruchtig, leicht süß-säuerlich und von einer recht milden Schärfe. Man kann ihn sehr gut für eine Pfeffermischung verwenden. Kombinieren Sie ihn zu gleichen Teilen mit Mönchspfeffer und rotem Szechuanpfeffer: eine leckere Pfeffermischung für ein kräftiges Rindersteak.

Mönchspfeffer – eben für die Mischung nominiert – ist der graue Vertreter unserer Pfefferreise –, aber nur von der Farbe her. Er kommt meist aus dem Mittelmeerraum, schmeckt eher würzig als scharf und erinnert vom Aroma her ein wenig an Piment Sein Geruch ist ebenso würzig.

## ... wo der Pfeffer wächst?

Der rote Szechuanpfeffer kommt in der Regel aus Südchina. Er hat einen ganz eigenen, fruchtig-würzigen Duft, der sich schwer beschreiben lässt. Sein Geschmack: frisch, fruchtig, prickelnd. Nehmen Sie zwei Körnchen in den Mund, und erleben Sie das Prickeln auf Ihrer Zunge! Er ist nicht nur einfach scharf. Es ist eine ganz besondere, feine Schärfe! Probieren Sie auch eine Mischung aus Szechuanpfeffer, Kubebenpfeffer und Paradieskörnern zu gleichen Teilen. Paradieskörner, auch Guineapfeffer genannt, sind sehr kleine Körnchen, haben aber im Gegensatz zu den anderen Sorten richtig Feuer! Doch auch dieses Feuer ist ausgewogen und einfach nur lecker! Tasmanischer Pfeffer ist der teuerste, den ich kenne. Da kann ein Kilo schon mal um die 60, 70 Euro kosten. Er ist fast blauschwarz und so groß wie herkömmliche Pfefferkörner, hat aber eine sehr weiche, fruchtig-scharfe Hülle. Diese beherbergt winzige, schwarz glänzende Kerne, die beim Zerbeißen richtig crunchen. Die Sorte ist keine für alle Tage – nicht nur wegen des Preises –, sondern etwas für edles Fleisch, edlen Fisch und feines, knackiges Gemüse.

Tipp: Möchten Sie mit einem der aromatischem Pfeffer würzen und fehlt es Ihnen an Schärfe, so würzen Sie mit Cayennepfeffer oder Chili nach. Aber schön vorsichtig!

Nun konnte ich Sie hoffentlich neugierig machen auf die verschiedenen Pfeffer, die uns die Natur an diesem oder jenem Fleckchen bereithält. Aber Sie müssen nicht erst nach Java oder China reisen, um ein bisschen mit den aromatischen Körnern zu experimentieren. Für meine Gäste habe ich im Restaurant eine kleine Pfefferecke eingerichtet, und alle anderen können die kleinen, scharfen Kostbarkeiten auf meiner Internetseite finden.

Roter Szechuanpfeffer

Bengalischer Pfeffer

Mönchspfeffer

Mohrenpfeffer

Kubebenpfeffer

# Salz ist nicht …

Salz kann Gewürz, Geschmacksgeber oder Konservierungsmittel sein, und es ist mit Sicherheit mehr als Natriumchlorid. In den Gesprächen mit meinen Gästen höre ich immer wieder: „Das Salz ist gar nicht mehr richtig salzig!" – Ja, wie denn auch, wenn jedes einzelne Salzkrümelchen einen Mantel angezogen hat. Das meiste Kochsalz, das sie kaufen können, ist raffiniert, ihm wurden Kalk, Magnesiumcarbonat, Aluminiumoxid, Silikate oder Kaliumhexacyanidoferrat (II) als Rieselhilfe zugesetzt. Dadurch zieht es kein Wasser und verklumpt nicht mehr. Und wenn auch all diese Stoffe als unbedenklich gelten und auch woanders vorkommen, heißt es aus der esoterisch angehauchten Biofraktion: Ganz schlecht, Finger weg! Ich weiß es nicht, und das muss wohl auch jeder selbst entscheiden, aber die Menschheit ist Tausende Jahre ohne Rieselhilfe ausgekommen, und ich verwende auch lieber unraffiniertes Salz, zum Beispiel Steinsalz. Es muss ja nicht unbedingt gleich aus dem Himalaja kommen. Im Übrigen bin ich sehr dafür, Salz als Gewürz einzusetzen, und zwar nicht zu üppig. Besonders Menschen mit hohem Blutdruck sollten sich dem anschließen. Zwar ist es wohl auch genetisch bedingt, wie ein Körper Salz verarbeitet, aber statt Blutdrucksenker einzunehmen, würde ich es erst mal mit einer Halbierung der täglichen Salzration versuchen. Aber fragen Sie Ihren Arzt! Ich bin nur Koch.

# ... gleich Salz ist nicht gleich Salz

Haben Sie sich ein unraffiniertes Salz gekauft – vielleicht ein Kilogramm –, teilen Sie es auf: Eine Hälfte bleibt pur zum Kochen für Kartoffeln und andere „gröbere" Verwendungen. Die andere Hälfte teilen Sie in fünf Hundert-Gramm-Häufchen für die Gewürzsalze. Meine Empfehlung Nummer eins: Chilisalz. Damit lassen sich der gesunde Chili und seine Schärfe sehr gut dosieren. Zum Zweiten ein Kräutersalz. Dafür nehmen Sie am besten Ihre Lieblingskräuter – und zwar im getrocknetem Zustand. Ein Salzhäufchen können Sie auch mit einer sehr speziellen Kräuter-Gewürz-Kombination mischen. Nicht erschrecken, ausprobieren! Ich experimentiere schon seit Jahren mit verschiedenen Salzen und bin immer wieder überrascht, was alles funktioniert – Kaffee-, Orangenblüten-, Rosensalz ... Hier also mein Vorschlag:

100 g Salz,
1 TL Ingwerpulver,
1 TL Vanillepulver,
1/2 TL Petersilie,
2 EL Schnittlauchröllchen,
2 EL Basilikum und
2 EL Holunderblüten

Und nun noch mal mein Liebling, der Beifuß. Auch als Gewürzsalz soll er zu Ehren kommen. Mit einem Beifußsalz haben Sie nicht nur ihr Schweinesteak optimal gewürzt, gleichzeitig sorgen Sie auch noch für dessen Verdauung. Nehmen Sie dafür:

30 g Salz,
30 g Beifuß,
15 g Basilikum,
2 g Gundelrebe

Alle Kräuter mit der Hand oder im Mörser klein rebeln und mit dem Salz mischen.

# Teemischungen für gute Gelegenheiten

Mariendistel

Thymian

Johanniskraut

### Guter-Morgen-Tee
für einen frischen Start in den Tag

20 g Erdbeerblätter,
30 g Himbeerblätter,
20 g Zitronenmelisse,
10 g Ringelblumenblütenblätter,
10 g Holunderblüten,
10 g Schafgarbenblüten

### Alles-fließt-Tee
für Ruhe und Gelassenheit

20 g Johanniskraut,
20 g Ringelblumenblütenblätter,
20 g Rosenmelisse,
10 g Zitronenverbene

### Marie für die Leber
für die Unterstützung der Leber

10 g zerdrückte Mariendistelsamen,
20 g Ringelblumenblütenblätter,
20 g Beifußknospen, gerebelt

### Gute-Laune-Tee
für die Seele und fürs Auge

20 g Erdbeerblätter,
20 g Himbeerblätter,
10 g Hopfenzapfen,
10 g von einem Fruchtsalbei,
20 g Robinienblüten,
20 g Blätter der Schwarzen Johannisbeere,
10 g Ringelblumenblütenblätter,
50 g Dahlienblütenblätter,
10 g Rosenblütenblätter

### Flotter-Achter-Tee
für alle, die diese acht Zutaten haben

8 g Lavendelblüten,
20 g Brennnesselblätter,
40 g Birkenblätter,
15 g Ringelblumenblütenblätter,
10 g Schafgarbenblüten,
20 g Walnussblätter,
10 g Johanniskraut,
10 g Robinienblüten

### Schöner-Husten-Tee
für die Entlastung der Luftwege.

20 g Thymian,
20 g Zitronenthymian,
20 g Limonenthymian,
20 g Zitronenverbene

### Mutters Bester
für einen klaren Kopf

20 g Mutterkraut,
20 g Ringelblumenblütenblätter,
20 g Mädesüßblüten,
20 g Holunderblüten,
10 g Robinienblüten

### Schöner-Schlafen-Tee
für eine angenehme Nachtruhe

20 g Hopfenzapfen,
20 g Baldrianwurzel,
20 g Rosenmelisse

*Die Tees mit sprudelndem Wasser aufbrühen und fünf bis zehn Minuten ziehen lassen.*

Basilikum

# Zeit für den Selbstgetrockneten

So. Die Küche ist sauber, das Geschirr weggeräumt. Jetzt noch in aller Ruhe einen Kräutertee. Was zum „Runterkommen" vielleicht? Mit Kamille und einer Prise Rosmarin? Oder nach all dem Essen etwas für den Magen? Basilikum und Beifuß bieten sich da geradezu an. Oder ein anderes Wehwehchen? Gegen alles ist ein Kraut gewachsen, meint die Volksheilkunde. Und auch ich bin davon überzeugt, dass uns eine kleine Teekur im Frühjahr zur Blutreinigung mit Brennnessel guttut, später zur Stärkung der allgemeinen Seelenlage mit Johanniskraut, und im Herbst helfen dann Thymian und Co., wenn es im Hals kratzt. Für Teemischungen sollte man mindestens drei Komponenten wählen. Eine gibt die Haupt- und mögliche Heilwirkung an, die zweite wirkt diesbezüglich unterstützend, und wenn dann noch etwas fürs Auge dazukommt – umso besser. Für Teekuren gilt: Nicht länger als sechs Wochen bei einer Sorte bleiben. Der Körper gewöhnt sich daran und reagiert dann nicht mehr, wie er es sollte. Einfach eine andere Pflanze – vielleicht mit ähnlicher Heilwirkung – heraussuchen, sie dann 14 Tage, drei Wochen trinken, dann kann man wieder zu der alten Pflanze zurückkehren, wenn man denn möchte. Außerdem ist noch wichtig, dass Sie die Kanne, die Sie für Tee verwenden, wirklich auch nur für Tee verwenden. Auch eine gute Wasserqualität wirkt sich positiv auf den Tee aus. Und natürlich schmecken die im luftigen Schatten getrockneten Kräuter am besten, wenn sie bis zur nächsten Saison verbraucht werden und nicht noch Geburtstag feiern.

# Ein paar Worte auf den Weg

So, jetzt habe ich Ihnen viele meiner kleinen Küchengeheimnisse verraten! Und ich habe es gern getan! Denn jeder Mensch, der sich ein bisschen mehr mit der Natur beschäftigt – wenn auch nur, um sich ein Stück von ihr einzuverleiben –, sieht sie mit etwas anderen Augen an und ist ihr mehr verbunden als vorher. Das Gänseblümchen wird es verschmerzen, wenn Sie es aufessen, die Schlehenbeere freut sich vielleicht sogar, wenn Sie aus ihr Kompott machen – wer weiß das mit Sicherheit zu sagen? Also – einen Korb geschnappt, und ab in den großen Garten vor Ihrer Haustür! Und wenn Sie einen kleinen privaten Garten haben: Lassen Sie ihm ein bisschen das Gefühl, zur Natur zu gehören, und gestehen Sie auch dem Giersch und der Vogelmiere ein Plätzchen darin zu. Probieren Sie alte Gemüsesorten aus! Halten Sie den Topinambur in Schach, indem Sie seine Knollen ernten und aufessen!

Aber vielleicht haben Sie auch gerade Lust auf einen Ausflug in unbekanntes Grün: Dann kommen Sie bei uns vorbei! Wenn es warm genug ist, finden Sie ein lauschiges Plätzchen im Garten. Das Schöne: Bei uns müssen Sie die Kräuter nicht selbst pflücken.

Das erledigen wir für Sie! Eine Wildkräutersuppe oder ein Wildkräutersalat stehen bei uns immer auf der Karte.

Doch auch im Winter lohnt sich ein Besuch. Dann wird der Kamin angeheizt, und man kann durch die große Glasfront in den schneebeglänzten Garten schauen – vorausgesetzt, es liegt Schnee. Und für die lieben Daheimgebliebenen bringen Sie dann als Trostpflaster einen Rosenlikör, einen Kräutertee oder einen schönen Brombeerketchup mit. Dann freuen sie sich – und wir uns auch. Und da ich ja sowieso immer im Garten bin, wenn ich nicht gerade am Herd stehe, können Sie auch noch die eine oder andere Pflanze bei uns kaufen. Wie Sie zu uns finden? Von Berlin die B 158 Richtung Bad Freienwalde, dann auf der B 167 Richtung Wriezen weiter.

Wenn Sie auf der Umgehungsstraße gelandet sind, in Altranft wieder herunterfahren und weiter Richtung Wriezen. Rathsdorf, Mitte, Fachwerkhaus, rechte Straßenseite … Eigentlich sind wir nicht zu verfehlen!

*Bleiben Sie gesund und bis bald! Ihr Alfons Breier*

# Stichwortverzeichnis

## Pflanzen

Amarant 32
Bärlauch 15, 17, 18
Basilikum 29
Beifuß 20, 84
Borretsch 30
Brennnessel 10, 12, 13
Brombeeren*
Buchweizen 32
Chinesischer Gemüsebaum* 35
Dahlien 56
Damaszenerrose 55
Duftrosen 61
Estragon 28
Flieder 63
Franzosenkraut 20
Französischer Baumspinat* 53
Gänseblümchen 10
Gewürztagetes 28
Giersch 14
Goldmelisse, *siehe* Indianernessel
Gundermann 14
Hirtentäschel 16
Holunder 62, 82
Hornveilchen 58
Indianernessel 60
Jiaogulan 26, 27
Kamille 13
Kapuzinerkresse 15, 56
Klette 37
Kornblume 60
Kürbis 48, 49
Löwenzahn 14, 15
Malven 58
Pastinak 24
Pfeffer 86, 87
Pfefferbeere 27
Pfefferblatt 28
Phlox 56
Portulak 32
Ringelblume 60
Rosenblüten 13
Rote Bete 50, 51
Rotstieliger Knollensauerklee 32
Salbei
    *Fruchtsalbei* 9, *Wiesensalbei 15*
Schafgarbe 15, 16
Schlehen 80
Sedum 33
Senf 13, 85
Stockrose 58
Taglilien 57
Topinambur 38, 39
Veilchen 58
Vogelbeere 83
Vogelmiere 10
Wegerich 20
    *Breitwegerich 20*
    *Geweihwegerich 20*
    *Spitzwegerich 20*
Wiesensalbei 16
Wilde Karde* 46
Wildkräuter 11
Ysop 30
Zimmerknoblauch* 36
Zitronenverbene 30
Zwiebeln 17, 50

## Gartentipps

Basilikum 29
Blühend und giftig 59
Blüten sammeln 59
Der schnelle Dünger 24
Duftrosen 61
Große Klette 37
Kürbis nachziehen 49
Nacktschnecken 53
Sedum 33
Taglilien 57
Topinambur 39
Viren und Blattläuse 22
Zwiebeln 50

## Rezepte

Bärlauchpaste 19
Bärlauchsuppe 19
Blütentorten, Grundrezept 67
Brennnesselspätzle 12
Brot 71, 72
Bunter Kräuterreis 22
Die süße Mühle 64
Fitnessteller für Fleischfreunde 31
Gebackene Brennnessel 12
Gebratene Spargel 47
Löwenzahnwurzel 15
Geschnetzeltes mit Kräutern 22
Hagebuttenmark 83
Hähnchen-Kräuterspieße 15
Himbeerketchup 79
Holunderbeersaft 82
Holunderbeersirup 82
Holunderblütencreme 63
Holunderblüten, gebacken 63
Holunderblütenwein 63
Jiaogulan-Powertee 27
Junge Kartoffeln mit Stippe 42
Kalte Gemüsesuppe 43
Klettenmarkstifte 37
Kokoscreme mit Lavendel 64
Kräuter-Gemüse-Kuchen 73
Kräuterbackfleisch 21
Kräuteressig 85
Kräuteröle 84
Kräuterquark 42
Kräutersteak vom Fisch 25
Kräuterteemischungen 90
Kürbis-Ananas-Gemüse 49
Lachs mit Wildkräuterkruste 24
Lauwarmer Kartoffelsalat 36
Nudelsalat mit Basilikum 29
Oderbruchgeflügel 75
Pfefferkirschen 80
Pflaumenmus 81
Relishes 78, 79

# Ein Stückchen Oderbruch entdecken …

Rosenblütensirup 61
Rote-Bete-Rohkost 50
Rote-Bete-Suppe mit Schuss 51
Salz, aromatisiert 88, 89
Schlehengelee 80
Schmorgurken 40
Schweinegulasch 45
Sellerie mit Kräuterwolke 41
Streuselkuchen 74
Süße Kräutercreme 64
Topinambursuppe 39
Vanillezucker 65
Vogelbeerlikör 83
Vogelbeermarmelade 83
Wildkräuter-Sahnesüppchen 17
Wildkräutersalat 11
Wildkräutersenf 85
Wildkräuterspinat 23
Ziegenkäsesuppe mit Pfiff 46

* Fotos mit Erläuterung

## Abkürzungen

EL - Esslöffel
TL - Teelöffel

Da der Verlag, in dem mein Buch erscheint, ein recht kleiner ist, nehme ich an, dass Sie es wohl nicht gerade in Tauberbischhofsheim oder Halle-Neustadt in der Auslage gesehen haben, sondern sich irgendwo hier in der Gegend befinden – oder aber gerne einmal herkommen würden. Vielleicht entdecken Sie das Oderbruch gerade bei einem Wochenend- oder Tagesausflug und haben das Buch nach einer Stärkung hier in Rathsdorf gekauft? Darum möchte ich Ihnen noch ein paar persönliche Empfehlungen geben, was diese Ecke hier angeht. Zwar komme ich als Koch nicht allzu häufig ans Tageslicht – darum bin ich ja so froh, dass ich mich im Garten austoben kann –, aber immerhin lebe ich schon gut 50 Jahre hier: Da kriegt man schon so einiges mit.

Ich schlage Ihnen also eine kleine Rundtour vor, die Sie, wenn Sie ein bisschen trainiert sind, auch mit dem Fahrrad schaffen. Fahren sie zurück nach Altranft (2,5 km). Dort gibt es im schön sanierten Schloss ein Freilichtmuseum. Sollte Sie historisches Landleben nicht so brennend interessieren, fahren Sie am Schloss vorbei über die Umgehungsstraße Richtung Neuküstrinchen (7,5 km). Hier steht der „Dom des Oderbruchs", eine für das kleine Kolonistendorf viel zu große „Sammelkirche" für die umliegenden Dörfer.

Wenn Sie die Kirche auch nicht interessiert, fahren Sie gleich weiter an die Oder. Alle wollen an die Oder! Fahren Sie durch Neuranft, biegen in der Ortsmitte rechts ab zum Flutzeichen, das an das Hochwasser 1997 erinnert, und weiter bis zum Deich (11 km). Wenn Sie mit dem Auto unterwegs sind, gehen Sie spazieren und fahren dann zurück. Mit dem Auto darf man nicht auf den Deich. Mit dem Fahrrad können Sie weiterfahren. Rechter Hand bis zum „Spitz" (Fischerei) und wieder vom Deich runter Richtung Neurüdnitz und durch Neu- und Altreetz zurück nach Rathsdorf (17,5 km). Bei uns bekommen Sie nach den 31 km dann ein leckeres Abendbrot!

© 2011 **Verlag Drei Wege**
Fürstenwalde/Spree
Heike Mildner
www.verlagdreiwege.de

Autor: Alfons Breier
Sein Restaurant- und Hofcafé
**Breiers Kräutergarten**
befindet sich in Rathsdorf 21
16269 Wriezen, OT Rathsdorf
Telefon (03 34 56) 700 49
Die Öffnungszeiten und weitere Informationen zu den regelmäßig stattfindenden Kräuterführungen finden Sie unter:
www.breiers-kraeutergarten.de

Herausgabe, Redaktion
und Gestaltung: Heike Mildner

Titelporträt: Kerstin Kind

Fotos: Heike Mildner
sowie S. 7, 92 (u. r.), Kerstin Kind; S. 13, Gabi Hamann/pixelio; S. 17, 31, 45, 49, Alfons Breier; S. 18, großes Foto, Günter Schlee/pixelio; S. 18, kleines Foto, Jörg Siebauer/pixelio; S. 24, nature.picture/pixelio; S. 37, Rolf Handke/pixelio; S. 39, Stihl/pixelio; S. 40, Viktor Mildenberger/pixelio; S. 41, Rainer Sturm/pixelio; S. 42, 51, 62, 75, 96, Clipdealer; S. 64, Sigrid Rossmann/pixelio; S. 74, magicpen/pixelio; S. 80 (u.), Marco Barnebeck/pixelio; S. 81, H.-J. Spengemann/pixelio; S. 82, Gabi Schoenemann/pixelio; S. 83 (o.), knipseline/pixelio; S. 90 (2. v. u.), Elza/pixelio; S. 91, Kellermeister/pixelio.

Bildbearbeitung: Ingo „Hugo" Dietrich
Korrektorat: Margot Jung
Druck: Druckerei Nauendorf, Angermünde

ISBN 978-3- 941789-01-2